家じかんを楽しむ
65のヒント

伊能勢敦子

SoftBank
Creative

まえがき

朝起きていちばん最初にすることは、大好きなコーヒー豆をドリップすること。ここ最近は、鹿沼にあるカフェ「饗茶庵《きょうちゃあん》」のコーヒー豆を愛飲しています。キッチンにはコーヒーの香りが漂い、開け放った窓から見える山や林からは鳥の鳴き声、虫の音が聞こえてきます。そこから私の一日がスタートします。

家族とごはんを食べる、仕事をする、ブレイクする、友人たちとの語らい、ひとりで楽しむ時間、そのどれもが家を中心として成り立っています。オーブンから漂う甘い香り、香ばしく焼きあがったお肉の匂い、シャーッ！と鍋の中で野菜がはじける音、コーヒーをドリップしたときの、ぽこぽこと音を立てて持ち上がる泡と香り、子どもの声と犬が駆け回る音、そして、みんなの笑い声。その音たちは、すべて家の中から生まれています。

「アコさんは、暮らしを楽しまれていていいですね」。そう言われることが多いのですが、何もせずにハピネスが得られるかというと、そうではありません。生活を楽しむエッセンスをいつも探しているからこそ、外から見たときにそう感じてもらえるのではないかと思います。

なにげない日々のなかで、自分の暮らしの流儀を見つけようと少しずつ努力していくと、暮らしを楽しむアイデアは自然と増えていきます。そして、毎日の暮らしの楽しさと便利さも倍になると実体験で感じます。

本書では、私が日々の暮らしから感じた「ちいさな幸せ」や「気づき」、「愛《いと》おしい」と感じること、「大事に思っていること」を集めました。生活を楽しむエッセンスは、自ら探すもの、そしてそうした幸せは、意外と近くに転がっているものだと思います。ゆったりとお茶でも飲みながら、わが家の暮らしをちょっと覗《のぞ》いてみていただければと思います。

目次

おもてなしは普段の延長で

こうして少しずつ、家をつくる

すぐれた道具は料理を楽しくする

時間をかけずに毎日のごはん

ゆとりが生まれる時間の使い方

少しの工夫で心地よく暮らす

おやつの時間

1

「おやつ」、なんて幸せな響きなのでしょう。今はスイーツと呼ばれることが多いようですが、私は断然「おやつ」という温かみのある呼び名のほうが好きです。

普段家で作っているおやつは、どれも素朴なものばかり。その中でも「また食べたい」とリクエストされることが多く、わが家の定番になっているのが、パンナコッタです。子どもや私自身が大好きだということもあるけれど、バリエーションがきくこと、混ぜ込んだり添えるフルーツによってぐんと豪華になること、そして来客があるときは前日から作りおきできるという点でも重宝します。さすがにこれだけ作り続けるとレシピも頭に入っていますから、思い立ったときにすぐに取りかかれます。

鍋をスケールの上に置いたら、順に鍋の中に材料を入れていきます。まずは牛乳、次に生クリーム1パック、スケールをリセットしてバニラシュガー、ぐるぐるっと混ぜて火にかけます。たまにかき混ぜて、液体がふつふつと煮えてきたらゼラチン

（ふやかさずに直接液体に入れられるゼラチンパウダーが便利。製菓材料店のクオカで購入）を入れ、ダマにならないようによく混ぜ合わせて火を消し、氷水の入ったバットに入れて粗熱を取ります。最後にキルシュを入れてざっと混ぜ合わせ、漉《こ》しながらオクソー（OXO）の計量カップに入れて器に注ぎ、後はラップをかけて冷やすだけです。

ゲストにお出しするときは、季節のフルーツをカットして直前にのせます。定番は、とちおとめをカットして添えたスタイルですが、マンゴーを混ぜ込んで作ったり、メロンを贅沢《ぜいたく》にのせてくずしながら食べたりもします。ベースを抹茶にしてホイップクリームをしぼり、上からローストしたナッツをのせて食べることもありますチョコレートを刻んで混ぜ込むこともありますし、ココア味にしてホイップクリームをのせて出すこともあります。

ほかには、マドレーヌの生地を応用して作るボックスケーキ（缶詰のフルーツを使ったり、作りおきしているりんごの甘煮などを入れて焼きこみます）やスコーンを頻繁に作ります。普段のおやつ作りに慣れてくると、ベーシックなレシピにアレンジを加えることも自然な流れでできるようになります。簡単でしみじみとおいしく、手を加えることで豪華にもなるおやつです。

パンナコッタ

■材料（4人分）
牛乳…200g／生クリーム…1パック（200g）／バニラシュガー（なければグラニュー糖＋バニラビーンズ1本）…40g／ゼラチン…6g／キルシュ（コアントローやウイリアムポワールもおすすめ）…小さじ1／季節のフルーツ…適宜

■作り方
1 鍋をスケールの上に置き、ひとつの鍋で計量していく（わが家では柳宗理のステンレスミルクパンを使用）。牛乳を200g計量し、生クリームを1パック注ぎ、スケールをリセットしてバニラシュガーを40g計量する。よく混ぜ合わせたら鍋を弱火にかけて、ふつふつと煮えるまで待つ。その間、何度かくるくると液体を混ぜる。
2 煮えたらゼラチンパウダーを入れてダマにならないようによく溶かし、火を消して、氷水をはったバットに鍋をそのまま入れて粗熱を取る。熱が取れたらキルシュを入れてよく混ぜ合わせる。
3 計量カップの上に茶漉しを置いて、そのまま漉しながら液体を計量カップに注ぐ。注いだ液体を用意しておいた器に注ぎ、ラップをかけて数時間冷やす。
4 カットしたフルーツをのせて完成。

パンナコッタ。軽くホイップした生クリームを盛り、
ラズベリーを手でちぎってトッピング。

床の拭き掃除

2

気持ちよく暮らすために努力しているのは、物を増やさないことと、拭き掃除をまめにすることです。物が少なければ片付けるときにちょっとだけ整理して掃除機をかければいいので、気軽に掃除ができます。プラスアルファ、拭き掃除をマメにすれば、部屋をきれいに保つのはもっと楽になります。

わが家には大型犬が2頭いるため、家の匂いや床の清潔さがとても気になります。そこで常備しているのが、ハーブウォーターと拭き掃除のためのモップ。ハーブウォーターはスプレー容器に入れてエプロンのポケットにぶら下げ、使うときにさっと取ってシューッと床にひと吹き、その後モップでサーッと拭いていくのです。

ハーブウォーターの作り方は簡単。100円ショップで購入したスプレー容器に水を入れ、ユーカリやミント、パチュリー、ラベンダーなどの精油をそのときの気分で選び、数滴たらして上下に振って混ぜ合わせるだけです。精油はブレンドするときもあれば、1種類で作ることもあります。拭き掃除の後は、床がきれいになるだけでなく清涼感のある香りも辺りに放たれるので、清々《すがすが》しいことこのうえない。

古き良き時代にはお客様が来る前に玄関先を掃いて打ち水をし、場を清めてから出迎えたといいます。心からもてなすという姿勢はとても素敵だし受け継ぎたい部分ですが、わが家にはそうした場はないので、床拭きをそれに見立て、拭き清めて空気を一新することで補っています。きれいになれば自分の心もきれいになったような気がしますし、そうした心はゲストにも伝わると思います。

ハーブウォーターは床だけではなく、トイレ掃除にも使用しますし、いろんな場面で活躍してくれます。好きなオイルをチョイスして混ぜて、シュシュシュー。お手軽なのにきれいになって香りも残り、気分も爽快になります。

見える収納

「見た目はスッキリ、物は見える場所になるべく置かず、見えないところにしまう」これをスローガンのように掲げて、失敗した経験があります。私の場合、扉の奥に物を入れると入れたそばから忘れてしまうのです。

たしかに、物を置かないと見た目はスッキリとして爽快感があります。がしかし、

3

アンティークのキャビネットに、普段使いのカップやスプーン、茶葉などをまとめて収納。

扉の中には「とりあえず入れておこう」としまい込んだあれやこれやが、どの位置にあるか把握できない状態で乱雑に入っているので、いざ何かを取り出そうと思っても、どこに入れたか思い出せません。この失敗で、動線を考えた見せる&魅せる収納というものを考えはじめました。

たとえばキッチン。シンクと食卓の両方から近い場所に、アンティークの緑色のキャビネットを置きました。この中には、頻繁に使う食器やお茶の道具、コーヒーや紅茶の茶葉、ストローなどちいさなものがたくさん入っています。すぐにコップやお茶の道具を取り出せるという利点があり、キャビネットのまん前に食卓があるため、動線も非常にいいのです。

冷蔵庫のすぐ近くには、ちいさな引き出しを置きました。カップに氷を入れなければならない、そんなときに一時的に引き出しの上をテーブル代わりにしてカップをたくさん置けます。冷蔵庫のそばに「ちょっと置ける場所」があると、とても便利です。

お菓子に使うリキュール類は、いつも小瓶を買い求めます。

領収書ボックス

4

私は税金を自己申告で納めています。お店それぞれで領収書を切ってもらい、お財布に入れて帰宅。さぁ、それからが問題です。

レシートを保管する場所を決めておかないと、「とりあえず、引き出しに入れておくか」と、どこかに置いて忘れてしまい、後になって大変なことになります。計算した後で引き出しを開け、「ハッ、これも出てきたよ」というガックリなことがたびたびあり、自分の管理能力のなさに驚愕したこと数回。これはさすがになんとかしなければと考え、それまで領収書を入れていた100円均一の透明ジッパー袋から、アンティークのボックスにチェンジしました。さらに、帰宅したときの自分の動線を考え直してみました。

私の動きは、帰宅するとまず、キッチンのカウンターに籠をドカッと置いて、鍵をアンティークの石けん置きに入れる、次に財布を取り出す。この時点で右手にあるのがアンティークのキャビネット。そこで、キャビネットの目立つ位置にボック

石けん置きをキッチンの壁に取り付けて鍵置き場に。

スを置いて領収書を入れるという流れを作りました。

それからは、あちこちに領収書が散らばることもなくなりました。私のように「とりあえず」と、なんとなく収納してしまうひとは、自分の動きを客観的に分析し、収納するまでの流れを作ってしまうとうまく整理できるようになります。

領収書入れはアンティークのボックス。

5 お茶箱を「何でも箱」に

幼少時代から目にしていたのが、父のお茶箱です。長い間父が愛用していたものを、父が亡くなってから譲り受けることになりました。いざ使ってみると、容量もたっぷり入るし、木で作られているから頑丈、使い勝手はいいのだけれど、インテリアとまったく噛み合わないことに気付きました。しばらくは収納庫に入れて「何でも箱」として使っていたのですが、扉を閉めた空間に「何でも箱」を置くと、入れたはいいが取り出すことがなくなるので、結局は「開かずの何でも箱」になってしまいました。

ある日、リビングにドカンと置いても様になるようにと、思い切ってホワイトとレモンイエローの2色でペイントしたら、違和感なく使えるようになりました。

急な来客のとき、疲れて部屋を片付けられないときは、この箱の中に、荷物を一時避難させます。何でも箱だからといって入れ放題にすると元も子もないので、ちょくちょく蓋《ふた》を開けて、中身を整理します。

本物の花と、本物のような花

6

空間に緑や花があると心は穏やかになり、見るたびに幸せな気持ちになります。土いじりが苦手で、チャレンジしてもほとんど花や緑を枯らしてしまった経験があるので、今は自分の不得意分野と認め、切り花を活けて楽しんでいます。

いちばん好きなのは、ちいさなころからバラの花です。バラは、できる限りバラ農家の方から直接購入しています。購入するのはいつもB級品の花束ですが、一見してみると、とてもB級品には見えません。農家の方が厳しい目で見て「市場には出せないもの」を選別して残ったものらしいのですが、家に飾るぶんにはまったく問題ないように感じます。

飾る場所は、自分がよく通る場所、よく目がいく場所です。キッチンのシンクの前の窓際に花を飾り、花と緑を目で追いつつ家事をします。テーブルに置いたガラスの脚付きの器に、花だけを浮かして愛《め》でることも日常の風景です。

2005年の春に個展を開いた際に、友人や仕事関係の方々から、たくさんお花

まるで生花のようなエミリオ・ロバの造花のバラ。

をいただきました。その中に、バラの造花がありました。贈り主は、フリーデザイナーの福田かおりさん。

「造花に見えないでしょ？　しかもすごく素敵なの、アコさん絶対好きだと思って」。私の好みをわかったうえで贈ってくださったんだなぁと、とてもうれしかったことを覚えています。また、こういうときにどんなものを相手に贈ればよいのか、勉強になりました。

「これはどちらのお花ですか？」とゲストに質問されることも多く、調べてみたところ、エミリオ・ロバの、「プリンセスローズ」というシリーズのひとつだとわかりました。

造花というと「造花って、どうなんだろうか」とためらう人もいると思いますが、私はこの花に出会ってから、造花に対するイメージが変わりました。ほどよく満開になったバラの花や、今から咲こうとしているつぼみ、ちょっとくたびれかけた葉の微妙なニュアンスが、いかにも造花という感じをいい具合に消しているのです。

先日、ジョイフル本田で造花の花を数本購入しました。ハンガリー製の古いキャビネットにあしらったところ、とてもいい感じになりました。今探しているのは、芍薬《しゃくやく》の造花です。出会ったら、どんなふうに飾ろう。組み合わせて天井からぶら

キャビネットの一角にも造花の花を。

下げたらきれいかも、天井の梁にグリーンと一緒に這わせても素敵かも……そんなふうに、あれこれ考える時間も楽しいです。

キッチンの食器棚の扉には桃の枝を。扉をひとつの面として楽しみます。

籠バッグ

7

古い籠が大好きです。ずっと愛用しているのが、祖母が使っていたシンプルな籠バッグ。幼いころからずっと見ているので、私にとっては思い出がつまっている特別な籠です。買い物に出かけるときや誰かと会うとき、いつも籠バッグを持っていきます。カメラを持ち歩くことが多いので、カメラバッグとしても活用、頑丈なのでとても重宝しています。

これとは別に、アンティークショップ「アクセント」(http://www.antique-accent.com/) で購入した古い籠バッグがいくつかあり、こちらには普段使いのリネン類を入れて置いてあります。手軽な収納場所として、お菓子の道具類を入れたり、毛糸の山を整理するのに使っています。

上=今最も出番が多い籠バッグ。「ディアモロッコ」で購入。
左=籠バッグの定位置はリビングの棚の上。左上にあるのは神棚。

8

ピンク色のバブーシュ

長いこと履いていたリネンのルームシューズがいい加減くたびれてきたので、新しいルームシューズを購入することにしました。いろんなメーカーやお店を見てみたのですが、なかなか気に入るものがありません。

そんなときにネットで見つけたのが、「ディアモロッコ」(http://shop.dearmorocco.com/)のオリジナルバブーシュです。ブライダルローズの革の地に、ピンク色のスパンコールで刺繍《ししゅう》されています。この優しいピンク色に心臓をわし掴《づか》みにされ、購入を決めました。バブーシュと一緒に、持ち手がピンク色の籠バッグも購入しました。これまた毎日フルに活用しています。

ピンクは愛情の色。心ときめく色。そして刺繍は生活に潤いをもたらしてくれます。

見ているだけでもときめく刺繍と色合い。

心地よいと感じる音楽

心地よいと感じる音楽は？　と聞かれたならば、真っ先に浮かぶのがマルシア・ロペス。今いちばん好きなアーティストです。ロベルタ・サーの『ブラゼイロ』も大好きなアルバム。こちらは軽快な、でも上品なサンバのリズムに、心も体も軽くなるよう。アンティークショップ「Belindy」（http://belindy.boo.jp/）のオーナー、高橋さんにいただいたのがきっかけで好きになったのが、ジャネット・サイデルの『MOON OF MANAKOORA』。ジャネットのハートウォーミングな声がハワイアンとマッチして、ゆらゆらと波に揺れるような気持ちになります。

ほかにも、ビル・エヴァンス、ニューヨーク・トリオ、ノラ・ジョーンズにダイアナ・クラール、アンドレア・ボチェッリ、オータサンなど、ジャンルを問わず聴いています。

亡くなった祖父は音楽が大好きで、幅広いジャンルで楽しんでいました。音楽についていちばん最初に影響を受けたのは、祖父かもしれません。祖父はいつもオペ

9

ラやバレエの録画ビデオを見ていて、とくにオペラに魅入っているときは、手を動かしながらその世界に浸っていました。

「あんた、いろんな音楽を聴かないと。オペラとかバレエとかクラシックとか、すばらしいものを見たり聴かないと損するからね、おじいちゃんなんてこうやって毎日聴いてるんだ、あんたも……」と延々と。当時は言っている意味がよく理解できませんでしたが、今はよくよくわかります。祖父が生きていたら、彼の大好きなマリア・カラスについても教えてもらえたかもしれません。祖父の傍に常に音楽があったように、私もまた祖父と同じように、身近に音楽がないといられないようになっています。

まだまだ知らぬことばかり。これからどんな音楽と出会うのか、とても楽しみです。

写真の楽しみ

10

写真を撮ることが好きです。日常のキリトリをなるべく残したいという気持ちがあるので、カメラはすぐに持ち出せる場所に置いています。普段のおやつを撮ったり、子どもの手を撮ったり、友人たちとの楽しいひとときを収めたりしています。撮った写真を引き立ててくれるのが「額」です。いろんな場所で探したのですが、ビビビとくるものがないばかりか、値段に手が届かない。「温かみがある木で作りたいなぁ、ここがダブルになっていたらいいのに、手のぬくもりが感じられる額はないかなぁ」とため息をついていたら、「じゃぁ、作ってみる?」と夫のひと声で額作りが始まりました。

試行錯誤していろんなデザインを作り、個展を開いたときにはシンプルで独特な雰囲気の手製の額の中に、これは!というお気に入りの写真を入れて飾りました。手作りの額に入れると、写真に対してもっと身近に感じたい、遊びたい、という欲求が生まれます。そんなとき、友人に教えてもらったのが、「おおむらさき」(山

おおむらさきに刷った写真を手製の額に入れて。ひもの長さを変えると動きが出ます。

十製紙）という手すきの和紙です。お気に入りの写真をプリンタで刷ってみたところ、これが恐ろしいほどの立体感。しばらくの間、その美しさに圧倒されてしまいました。

自分で撮影した画像をただ保管しているだけではなく、それを和紙に刷ってみる、さらに自作の額に入れてみると、写真の楽しみが倍増します。

11
「とりあえず忘れる」ということ

生きていると、ハッピーなことよりも切なく悲しく思うことのほうが多いように思います。悲しい、寂しいと感じたとき、つらい気持ちになったとき、なによりもまず「忘れてしまう」ようにしています。

どうやって忘れるのか？　それは、感じたそばから「これはきれいサッパリと忘れてしまう、忘れてしまおう」と、心と脳ミソの中にある「その部分」を、レーザーで消してしまうかのごとく焼却してしまう努力をするのです。仕事の失敗、人間関係のあれこれ、どうにも忘れられない出来事をすべて一括して「とりあえず忘れてしまえ」で消していくのです。

このとき気を付けるのは、反省点だけをきっちり覚えておくということ。どうしてそうなったのかという点を先に活かす、そしてほかはきれいサッパリと忘れる。こうした気持ちの動かし方を覚えておくと、人生が生きやすくなります。

12 自分を客観的に見て動かす

私はもともと、物事をとても細かく考える性格でした。誰かに言われた言葉ひとつにしても、考えすぎて精神的に参ってしまうような性格だったのです。「だった」と過去形で書いたのは、細かすぎる性格を直すべく長い間努力して、今は受け取り方も考え方も、だいぶ変わり、そのぶん楽になれたからです。

まずは自分を客観的に見つめるもうひとりの自分を心の中に置いて少し離れたところから分析し、何かあったら自分を自分で支えるような形で考えることにしました。気になってどうしようもなくなったら、「ケセラ・セラだよ、道はおのずと開かれる。考えすぎないでそのまま行ってごらん。ドン、マーイン！」と自分にささやくのです。

仕事で慌ててしまったら、「あわててもいいことはひとつもないから、いつものようにやってごらん。そのままでいいんだよ。大丈夫、ドン、マーイン」と自分で自分を優しくサポートするのです。

よくこんな方法を編み出したなと思いますが、たぶん、そうするしかなかったのだと思います。もうひとりの自分を持つスタイル、ケセラ・セラ・スタイルを心がけることで、自分ではどうにもならなかった気持ちのコントロールがかなりできるようになりました。

自分が保てなかったら、もうひとりの自分に支えてもらう。不思議な感じですが、心の平安を保つうえで、このスタイルは崩すことができないものになっています。

おもてなしは
普段の延長で

13

誰かを招くとき

誰かを招くときは、慌てずにスムーズにもてなしたいものです。過剰なもてなしをするのもされるのも苦手なので、「もしも自分が招かれる立場だったら」とイメージしながら準備をしています。緊張せずにラフに、でもちゃんともてなしてもらっていると感じられるような、自然なもてなし方が理想です。これまでたくさん失敗してきて今に至りますが、私なりのもてなしのポイントをいくつかご紹介したいと思います。

たとえば誰かが明日来るという場合は、なるべく前の晩に用意を済ませます。前の晩というと大層なことに感じるかもしれませんが、これはたいした作業ではなく、当日の慌ただしさを避けるためにも前日に用意したほうが楽なのがわかっているため、苦に感じることはありません。

まず、おおざっぱに部屋を片付けて、翌日は掃除機をかけ床拭き（16ページ）できる状態にしておきます。次はおやつの仕込みです。簡単でおいしいプリンやパン

冷たいおやつは江戸切子の器に入れて出すのが定番スタイル。

ナコッタ、クレープ、ワッフルの生地などを仕込んでおけば、当日は出すだけ焼くだけ。時間があるときはラム酒たっぷりのチョコレートケーキを作り、ケーキに添えるオレンジをカットしてマリネして準備しておくこともあります。

最後にお手拭きを水で濡らしてミントと一緒にくるくると巻き、夏だったら籠に入れてビニール袋でくるんでそのまま冷蔵庫へ。前日の晩に用意しておけば翌日は籠ごと出すだけです。寒い時期は、来客がある時間を予想してレンジに入れておき、お茶をいれている間に軽くチンして温め、籠に入れて出します。

お店に食事に行くと、温かいお手ふきを手渡しで出してくれたりします。これは、きちんともてなされていると感じてうれしいもの。わが家でもそれをまねしています。

おやつをお出しするときも、自分の中での決まったスタイルで出すことが多いです。自分なりの決めごとをいくつか作ってからは、大分気が楽になりました。たとえばひんやりおやつの場合は、10年愛用している江戸切子の器を使うことが多く、北欧の黄色いトレイにレースペーパーを敷いて器をのせ、そのままテーブルにお出しします。器の鮮やかな色にテンションが軽やかに上がり、その流れで会話に華が咲きます。お茶の席でも色の組み合わせは重要なポイントです。

水玉のお手拭きはガーゼのハンカチ。宇都宮市にある雑貨屋さん「露」で購入。ミントと一緒にくるくる巻くと清々しい香りを放ちます。

そしてもうひとつ、わが家には目立った場所に時計がありません。自分自身が時間に左右されたくないという気持ちがあったり、来てくれた人に時間を気にせずゆったりと過ごしてほしいという気持ちがあってのことなのですが、「時計がないんじゃ困らない？」というまわりの声に反して（体内時計が鍛えられたからなのか）困ることはさほどありません。とはいえ、忙しい方もいらっしゃることが多いので、最初の時点で「わが家には目立つ場所に時計がないので、電車の時間があったら教えてくださいね、把握しておきますから」とひと声かけて携帯電話のアラームを設定しておいたりします。

時計の針が放つカチコチという音を聞きながら、針の動きを気にしながら会話するよりも、ちいさく聞こえるＢＧＭや自然の音に耳を傾けつつ時間を忘れて会話に集中したほうが、濃密な時間を過ごせるような気がします。

普段の料理をおもてなしに

14

友人が遊びに来ると、「気がつけばもうお昼、どうする?」という流れになることがよくあります。「何にする?」と聞くと、「前に作ってくれたみたいな、チャーハンがいい」というリクエスト。普通すぎて悪いかなと、気合いを入れて洒落《しゃれ》た料理を出したこともあるけれど、不思議なことに、そうした料理を相手はうっすらとしか記憶していません。やはり家庭の味がいちばん馴染むのだなと実感します。

前の日に仕込んだとん汁としょうが焼き、ポテトサラダの組み合わせが最高においしかったとか、一緒に包みながら蒸して食べたシュウマイとか、チャーハンとわかめスープといった、なんてことのない料理が、心にも胃袋にも響くのでしょう。

チャーハンは、作る人によって具も味も異なります。「その家の味」というのがチャーハンにはあって、非常に奥深い料理のひとつがチャーハンであると私は思っています。わが家のチャーハンにも、いろんなレパートリーがあります。ハムとたまごのねぎ塩タレチャーハン、ひき肉とたけのことレタスのチャーハン、そして大好物の海老チャーハン、ヤングコーンとうずらのたまごがたっぷり入ったあんかけチャーハンなどです。

豪華バージョンでは、ステーキチャーハンが人気です。ガーリックチャーハンをプレートによそい、その上にさっと焼いたステーキを食べやすいようにカットしてのせ、細ねぎをちらして宮ダレをたっぷりとかければできあがり。ここで欠かせないのが、常に冷蔵庫にストックしてある「ステーキ宮のたれ」、通称「宮ダレ」(http://www.atom-corp.co.jp/miyanotare/) です。万能ダレとして、それこそ小学生のころより愛食して今に至ります。上等のお肉とガーリックチャーハンは立派なごちそうです。変化球でチャーハンの上にチンジャオロースをたっぷりとのせてもおいしいです。

こんなふうに、わが家ではチャーハンが頻繁に作る家庭料理であり、おもてなしにもよく登場する料理です。先入観も手伝ってか、こうした料理はお客様には出せないと思われがちですが、私にしてみると、いかにもおもてなしという料理は失敗するケースが多いです。作りなれていないから、味の決め手がわからない。器によそうにしても普段やっていないぶんどうしても違和感が漂ってしまい、結果的にいいことはありません。だったら、家庭で作りなれている料理の材料をちょっとだけチェンジして作ったほうが、作る側も食べる側も違和感がなくてハッピーです。

野菜炒めにしても、たとえばもやし炒めだって、強火でガーッと短時間で焼いたものは、シャキッとしてとってもおいしい。男性にはガーリックをきかせたものが人気ですが、私はシンプルに塩と粗びき胡椒《こしょう》で味付けしたものが好き。これを杉盛りにして上から粗びき胡椒をふれば、迫力もある一品になります。

ラーメンの場合も同じです。ラーメンの上にのせる野菜炒めの具を、ちょっと奮発すればいいのです。私はシーフードが好きなので、海老も帆立も立派なものを用意して、具だくさんのシーフードラーメンにします。最後にラー油をたら〜りとたらせばごちそうです。

15

ゲストと一緒に料理を作る

来客時にごはんを用意するとき、ゲストに参加してもらうことがよくあります。つい先日も、わが家の参加型メニューとしてお馴染みのシュウマイパーティーにしました。中の具材は、あらかじめ準備しておきます。豚のひき肉にゆでたけのこ、帆立、玉ねぎ、ねぎをたっぷりと入れて練りあげます。わが家の場合は、しょうがとごま油がちょっと多めかな。いずれにしても具が多いというのが特徴です。

みんながシュウマイを包んでいる隣で、私は大好物のトマトとモッツァレラ、バジルのサラダを作り、わいわい言いながら蒸しあげ、熱々のシュウマイを頬張りました。

気楽に食事を用意して楽しむことが何より大事。「味付けが薄かったら、自分でやってね」と調味料を手に取れる場所に置いたっていい。ライブ感覚の参加型で料理を作りながら一緒に食べたほうが自然ですし、断然楽しいのです。

シュウマイはリクエストがいちばん多いおうちごはん。みんなで包みます。

16 キッシュは手軽なごちそう

身近なのだけれど特別な料理、それがキッシュです。よく作るのは、ベーコン、じゃがいも、玉ねぎにプチトマト、チーズを組み合わせたもの、ドライカレーとチーズがたっぷり入ったもの、海老が多めのシーフードキッシュ、ツナと野菜のキッシュなどです。

先日、夫と同じ部署で働いている女の子が遊びに来ることになりました。夫から「一緒にキッシュを作りたいんだって」と聞いて、「おっ、これは！」とにやりとしました。

当日は話しながら一緒にキッシュ作り。

「キッシュは、作るのが面倒かなって思われがちだけど、実はすごく簡単なの。時間があるときはパイ生地を手で作ってもいいし、時間がないときはフードプロセッサーを使ってパイ生地を作ってもいいんだよー」

おしゃべりしながら生地をフードプロセッサーで一気に作って型に敷きつめ、寝かせている間に冷蔵庫の残り物を集めてバターでさっと炒めます。粗熱が取れたら型に入れ、オーブンを予熱中にたまごと生クリーム、牛乳のフィリングを作って型に注ぎます、後はざくざくとカットしたチーズをのせ、マヨネーズをかけて予熱したオーブンに放り込んで焼きました。

キッシュはその印象とは裏腹に、身近な材料で作れてしまいます。ハムとじゃがいも、玉ねぎがあったら、それをバターで炒めてフィリングと合わせて焼けばいい。冷蔵庫の中にあるもので、こんなにおいしくて豪華に見えるお惣菜が作れるだなんて、作るほうも食べるほうもハッピーです。

彼女とキッシュを作り、「お父様にもおみやげに」ともう一台焼いて渡したら、「キッシュのひとにお礼を」とおいしい日本酒が届きました。「ハムのひと」は昔いましたが、「キッシュのひと」とは初めて聞きました。お父さんに喜んで食べてもらって私もハッピー、喜んでキッシュのひとになりましょう。

アボカドと海老の組み合わせが大好き。ブランチにもぴったりです。

キッシュ

■材料

[パイ生地]

薄力粉…110g／無塩バター…80g／塩…ひとつまみ／冷水…40cc

[フィリング]

じゃがいも…1個／玉ねぎ…1/4個／ボイルした海老…10尾／アボカド…1/2個／パセリ…適宜／塩、粗びき胡椒…適宜

[フィリング液]

たまご…1個／牛乳…80cc／生クリーム…80cc

パルメザンチーズ…大さじ3／塩、粗びき胡椒…適宜／マヨネーズ…適宜

■作り方

1 パイ生地をフードプロセッサーで作る。容器に薄力粉、塩を入れてガーッと攪拌、ざっくりとカットしたバターを入れてガッ、ガッ、ガァーッと攪拌し、バターがあずき大になったら冷水を加えてまた攪拌、ひとまとまりになったら取り出し、ラップをして30分ほど休ませる（時間がないときは休ませなくてもOK）。フィリング液を計量カップで全部混ぜ合わせて冷蔵庫にスタンバイ。

2 パイ生地を休ませている間にフィリングを炒める。じゃがいも、玉ねぎはコロコロと好みの大きさにカット、パセリはみじん切り、ボイルした海老の尾を取ってフライパンでよく炒め、塩、粗びき胡椒で味をととのえる。

3 パイ生地を取り出して強力粉を打ち粉し、めん棒で伸ばして型に敷き詰め、ふちを落とす。炒めた具をパイ生地の上にのせ、その上にスライスしたアボカドをのせ、フィリング液を注ぐ。パルメザンチーズ（多めがおいしい）をふり、マヨネーズを多めにかけて、塩、粗びき胡椒をふって180℃に予熱したオーブンで35分ほど焼いてできあがり。

インスタントで極上に

17

ネスカフェ ゴールドブレンド好きだった父の影響もあってか、私はいまだにゴールドブレンド党です。カフェラテにはゴールドブレンド以外に考えられません。ドリップしたコーヒーを使うよりも、むしろゴールドブレンドで作るカフェラテのほうが好きです。

作り方はとても簡単。まず、シャスールのミルクパンに牛乳（メグミルクの特濃4・5）を入れ、クオカで購入しているガムシロップ（ナチュラルシロップのカリブ。スッキリとした甘さで重宝している）を好みで加えたら、ゴールドブレンドを豪快にさっと振り入れて、加熱しながらミルクフローサーでウィーンと泡立てます。泡立てている様子を見ると誰もが、「そんなので、こんなに泡立てられるなんて思わなかった」と驚きます。

カフェラテをマグカップに注ぎ、たっぷり泡立てた泡をスプーンですくってこんもりとのせたら、最後にシナモンパウダーをぱぱっとかけてできあがりです。

泡立てるのも楽しみのうち
のひとつ。あっという間に
できあがり。

ワッフルの魅力

焼きたてのワッフルに、ハーゲンダッツのアイスクリームをのせて食べるのが大好きです。この時点で恐ろしいカロリーですが、ホイップした生クリームとバナナを添えて食べるのがたまらなくおいしい。あまりにもおいしすぎて、カロリーのことなど忘れてしまう勢いです。

ワッフルは子どもたちの普段のおやつによく焼きますが、友人たちが来たときにもよく作ります。生地を仕込んでおけば、後は焼くだけです。何より焼きたてをハフハフ言いながら食べられるのが大きな魅力。焼くのは友人にまかせて、私は生クリームをホイップしたり、いちごをカットしたり、器を用意したりと動いているので、思いのほか手間がかからずデザートができあがります。ワッフルメーカーは一度にふたつしか焼けないので、私は2台のワッフルメーカーを使って同時に4つ焼いています。愛用しているのはビタントニオのワッフルメーカー。日々のおやつ作りに欠かせないマシーンです。

ココア生地、プレーン生地と2種類の生地を仕込んで焼いて重ね、ワッフルタワーにしても楽しいです。季節のフルーツとホイップクリーム、チョコレートシロップを添えて出せば、お店に負けないおうちおやつの完成です。

ワッフルをいくつも重ねてタワーにすれば、おいしくて楽しいおやつに。

19 たらいをクーラーボックスに

大人数が家に集まって撮影をすることが多いのですが、そんなときはせわしなく動きながらの作業となるため、お茶をお出ししても、気付くと「これ、誰のだっけ」ということがよくあります。何かよい方法はないかなと考えたとき、ちょうどわが家にあったたらいが目にとまりました。「もっと気軽に、これにドリンクを入れたらいいじゃないか」そう思ったのです。このたらいは祖母が長年愛用していて、私がちいさいころから目にしていたものです。祖母が宇都宮に越してくるときに一緒に持ってきたものを、私が貰《もら》い受けました。

そのたらいに氷をたくさん入れ、その中にミネラルウォーターやジュース類のペットボトルを入れてキーンと冷やしておき、撮影の合間に好きなドリンクを好きなときに飲んでもらえるようにしました。みなさんボトルを持ちながらあちこち移動しつつ飲み、おかわりしたいときには気兼ねなく新しいドリンクに手が伸びます。

友人と食事をするときは、このたらいにビールやシャンパンなどを入れて冷やすこともあります。ときには芍薬の花やバラを浮かべてみたり（これが思いのほか絵になる）、多種多様に使いまわしています。

たらいだけどたらいにあらずといった感じでしょうか。たらいだからという枠を外して考えてみると、活用法は意外なほど見つかります。

たらいの直径は27.5cm。友人が育てたバラの花を浮かべて。

20

ひと手間かけてラッピング

「グローバルプロダクトプランニング」(http://www.gpp-shop.com/) から小包が届きました。中身は、ディプティックのキャンドルとルームスプレー、そしてフレグランスソープです。

誰かにお礼をしたいとき、私はよくディプティックのキャンドルやソープを贈ります。毎回どんなふうに包むかあれこれ考えながら、自分でラッピングをします。普通のラッピングでは味気ない。ちょっと手がこんでいて、ほかとは一線を画した感じにしたい。そんなときは、紙にスタンプを押して包装紙にしたり、ミシンを使って真空パックのように縫ってしまうのも素敵です。ミシンは布だけにあらず、紙だって縫えるのです。

石けんを包むときも同様です。スタンプで遊んだ白い袋に石けんを入れ、ミシンで縫って、ピンキングばさみでカットすると、開封するのがもったいないくらいかわいらしく仕上がります。贈り手の気持ちも真空パックで封じ込めて。

白い袋にスタンプを押して模様をつけ、中身を入れたらミシンで縫って閉じます。

21 エプロン談議

アルディンのギャルソンエプロンを愛用しています。埼玉県幸手市にあるカフェ「ベーグルチョコ」(http://cafe-bagelchoco.com/) でいつも購入しています。独特の風合いとセンスのよさ、肌触りのよさは、ほかのものと比べると秀逸です。ギャルソンエプロンですから腰にキュッとひもを巻いて……と書きたいところですが、私の場合はひもを胸元でキュッと締めてチマチョゴリのように着るスタイルです。

「エプロンって胸元でしめてもいいんですねー」

この問いかけを、今まで何回聞いたことでしょう。私にとってはあたりまえのスタイルですが、まわりの方からすると、最初は驚かれるようです。そして、最後に「私も今度、そうします」という流れになるのもいつものことです。

たしかに腰で締めると素敵ですが、それではエプロンの機能を十分に果たしていません。非常にもったいない使い方です。実際に調理をしていて汚れるのは、大体が胸元からお腹あたり。そう考えると、胸からエプロンをするスタイルも特別変わったことをしているわけではないのです。

汚れる部分をカバーするべく、胸のところでキュッとひもを締めてあっちこっちと動きまわっています。このようなスタイルで地元のスーパーにも出向きますし、友人が訪ねてきてもこのまま歓談しています。

こうして
少しずつ、
家をつくる

22
変化する壁

この数年の間、わが家の壁は変化しています。最初はクロス張りだったのが、次は塗り壁に、その次は昨年さらに手を入れて色鮮やかな壁に変貌をとげました。

初めてリビングの壁を変えようと思い立ったとき、クロス張りではなくて石壁か、もしくは漆喰《しっくい》で壁を塗りたいと夫に相談したのですが、石壁は予算的にとても無理、漆喰で壁を塗ろうということになり、さっそくジョイフル本田に足を運びました。店員さんに壁の塗り方を聞いたり、経験済みの友人に聞いて情報を収集し、作業が始まりました。

まずはクロスを大ざっぱにベリベリとはがし（これがストレス解消になるほど気持ちがいい）、スプレーで水をシューシューと吹きかけて、さらに丁寧にクロスの残りをはがしていきます。クロスを隅々まではがしておかないと、きれいに漆喰を塗れないだけではなく湿気の多い時期には浮いてしまうこともあるため、ここは丁寧に。そしてむきだしになった壁に塗るべく、漆喰を練り上げます。

漆喰の量と水分量は、ある程度の決まりがあるとは思うのですが、私の場合は大きな容器に漆喰をドバッと入れてホースで水を入れ、練って練って、持ち上げたときの落ち加減で漆喰を足して調節し、壁に塗っていきました。力がいるので疲労困《こん》憊《ぱい》、漆喰を練る作業でまず腰を痛め、今度は部屋中に漂う漆喰の粉や独特の匂いにやられました。それこそひーひー言いながら漆喰を練り上げて塗るという作業を繰り返したわけですが、塗り終えた後のリビングは見違えるように変わっていました。漆喰の真っ白い空間になっていちばん驚いたのが、部屋の明るさです。光が十分すぎるほどまわってまぶしいくらいです。何より真っ白い空間というのが潔い感じで大好きでした。

それから数年経ち、私の理想の形も変わってきました。どの雑誌を見てもナチュラルなインテリア、白を基調とした部屋が多く取り上げられていることに違和感を感じはじめました。そんなとき、タイムリーにも家を大掛かりにリフォームすることになったのですが、予算がなくて増築部分以外の壁には手を入れられません。結局、家族が集まるリビングの壁は私たち夫婦が塗った漆喰の壁をそのまま活かす方向で当初考えていました。そして、「これはまた自力でやるしかないな」と洋書を見ながら遠い目になっていたとき、栃木県が集中豪雨に見舞われたのです。

運悪く2階のベランダにはリフォームのためにびっしりと養生したビニールがあり、その中に集中豪雨で降った雨水がプールのごとくたまり、逃げ道がなくなって家の中に流れてしまいました。水が柱をつたって1階のリビングに落ち、ナイアガラフォールズに。結局、茶の間もリビングも雨水で全部駄目になり、そのまま活かそうと思っていた漆喰の壁も床も全部取り壊すことになりました。ショックではありましたが、施工会社さんに直していただけることになり、壁も床も現在の形となりました。

今、かつての茶の間の壁はピンク色、リビングの壁はレモンイエローになり、以前とはまったく違う空間になっています。

23 天井が抜けるとわかった日

私は天井が低い、迫ってくる感じが苦手です。自分たちで壁を漆喰で塗りはじめたころ、ふと天井を見上げたときに、「これは抜けるな」と直感しました。直感なんて書くと聞こえがいいですが、要は「天井を、ぶん抜いてみたい」という衝動に駆られたのです。

普通だったら、「抜けるかもしれないけれど、失敗したらどうしよう」と不安になってやめるかもしれませんが、私の場合は感じたら即行動なので、気付いたら脚立《きゃたつ》に乗っていました。

ちいさな（といってもかなり重量はあります）ハンマーで天井を割り、そこに手を入れてぶち抜いていきます。信じられないほどのホコリが落ちてきて、まわりはホコリで霧がかかったような状態です。ハンマーで叩いて手で落とす、この作業中、子どもたちを喜ばそうと「ヒャッホゥー」と叫びながら手を引っ掛けて脚立からぶら下がったら、思いのほか大きな壁が頭上に落ちてきて、おでこ及びまぶたを直撃、お岩さん並みに青くなり、疲労度が増した記憶もあります。

結局は天井をすべて落とし、柱もきれいに拭いて、壁は漆喰で塗り、天井の梁《はり》の部分も真っ白にペイントしました。それだけでは終わらず、畳も全部はがして床張りし、洋室にチェンジしました。材料はすべてジョイフル本田で購入し、わからない部分は店員さんに聞きながら、自分たちでチャレンジしながら、失敗しながらの家づくりです。

「思ったら、行動してみる」「とりあえず、やったらどうにかなるだろう」というお気楽な気持ちプラスアルファ「成せば成る」というケセラ・セラの精神が、DIYには必要な気がします。

家具のリメイク

24

仙台の祖父が亡くなったとき、形見分けとして譲り受けたのが、古い仙台簞笥《せんだいだんす》です。祖母から聞くところによると、この仙台簞笥は、93歳で亡くなった祖父の母親の嫁入り道具だったそうです。仙台の祖父母の家を訪ねることが多かった私にとっては、幼いころから見慣れている、いわば思い出の簞笥です。

その大事な簞笥をわが家に運んで置いてみたら、まったく印象が合わないことに愕然《がくぜん》としました。当時のわが家は、壁を漆喰で塗り固めてある真っ白な空間。パリの古いシャンデリアなどもそこかしこにぶら下がっていたので、同じ古いものどうしとはいえ、雰囲気がマッチせず、簞笥だけが浮いているような印象に見えました。そこで、思い切って簞笥を白いペンキで塗ってしまおう！リメイクしてしまおう！と決めたのです。

すぐさま白いペンキと刷毛《はけ》、細い筆を用意して、じっくりと簞笥を白くペイントしていきました。白くペイントすると、鉄の取っ手の重厚感が増し、どの部屋に置いても以前とは違う存在感を放つようになりました。

また、こんなこともありました。長男の通っていた保育園の教室にずらりと並んでいたちいさな机と椅子《いす》。保育園の廃園が決定したとき、園長先生から譲り受けることになりました。この椅子や机も、当時の家の雰囲気に合わせるように白くペイントして実際に使って今に至ります。途中で釘を打って補強したり、汚れたらその都度また白くペイントして、今なお現役です。

そして、わが家を訪れた人たちに「これ、どうやって作るの?」とよく聞かれるのが、レンガと白セメントと板で作った簡単なボードです。レンガとレンガを白セメントで接着させ、好みの高さまで重ねたらオッケイ。後は白くペイントしたボードを上にぽんとのせるだけの、まさにお手軽ボードです。長さや高さを臨機応変に自分で調節できるので重宝しています。シンプルに花瓶《かびん》を置いたり、バッグなどの荷物を置いたり、撮影があるときはジュースを入れたたらいをのせたりと、さまざまな場面でフルに活用しています。わが家のボードは柱が2本ですが、3本にしてロングなボードにしてもいいかもしれません。

この数年間のDIYで、だいぶ気の持ち方も変わりました。「あぁー、塗らなきゃ」ではなくて、「えぇーい、塗ってしまえ」という心の変化。バケツの中に刷毛

白くペイントした仙台箪笥は、以前とはまったく違った趣に。

と塗料を入れたペットボトルと新聞紙などをワンセットにしておくと、塗るということに関して軽い気持ちで取り組めるようになります。たとえば床の一部分が傷ついて木肌が出てしまったとき、私は刷毛と塗料の入ったペットボトル、半分にカットしたペットボトルと新聞紙とバケツを持って、適当にさささーっと塗ってしまいます。ガシャガシャとペットボトルを振って、蓋《ふた》をあけてダラリと塗料を落とし、刷毛でさら〜りさら〜りと何往復かしただけで終わりということも。どこでも気負いなくペイントしてしまいます。

レンガと白セメントと板で作ったボード。現在は本の収納棚に。

增築したスタジオの壁も自分でペイント。壁は白、窓枠は白に少しだけクリームを混ぜた塗料という2色使いに。2色使いにすると細かい木彫りの細工や窓枠がぐっと立体的になります。

家全体がリビング

わが家は、元は中古住宅です。そこに少しずつ手を入れて、現在の形に落ち着きました。訪れる人誰もが「変わった形ですよね」とおっしゃいます。変わった形というのは、おそらく段差が多いことも影響しているのでしょう。

元々あった作りに部屋を足していったため、各部屋の床は同じ高さではなく、数段の階段でゆるやかにつながっているという、ちょっと変わった形になったのです。高低差ができると、空間の広がり方もまったく違って見えます。亡くなった仙台の祖父の家も、まるでパッチワークのような家でしたが、私にとってはこの感じが自分にぴったりマッチしていると感じます。

来客があると、私は真っ先にキッチンに誘導します。普通はリビングでお茶を飲むべきなのでしょうが、いちばん落ち着く場所がキッチンなので、ゲストが気にならないようであれば、こちらで過ごします。とはいえ、「キッチンはなぁ……」と感じるひともいるかもしれないので、さら～りと「どこでごはん食べたい？」と聞くようにしています。

友人だったら、「ピンクのお部屋がいい」と率直にリクエストしてくれるので、「じゃぁ、そっちにしようか、みいこちゃん、お茶運んでくれる？」とどんどんお願いします。お茶を飲む場所やごはんを食べる場所が決まっていないので、結果的にどこでもリビング状態になっています。

訪れた人に空間を選んでもらうと、その人の精神状態がわかったりしておもしろいです。私自身も昼ごはんを食べるときは、そのときの気持ちに合ったリビングで食べるように、場所を変えています。

縁側が玄関

26

昨年大がかりなリフォームをした際に、母が使っていた和室をキッチンに改装することになりました。どうしたらキッチンを広くするか考えたとき、玄関と廊下をつぶしてキッチンスペースにつなげたら、もっと広くなることに気が付きました。工事をお願いしていた明光ホームの社長さんからは、「それはできるんですけど、玄関がなくなっちゃいますよ？　金銭的にもオッケイだったら可能です」という返事をいただき、「どちらにしても、近しいひとは庭から直接入ってくることが多いので、大丈夫です」とお答えしました。

今現在、玄関と廊下をつぶしたおかげで、キッチンスペースが広くなって快適です。訪れたひとは、縁側からダイレクトに出入りしています。縁側を上がってすぐキッチン、すぐに座ってお茶を飲み、「風が気持ちいいね」なんて言いながら山を見たり、紅葉の木を見上げてまったりしたりしています。

玄関がこの場所にあって当たり前ではなくて、わが家のスタイルを通すこと、どこでも玄関になるという考えで暮らしていますが、困ることはありません。

「エッ、玄関ないんですか?」そうたずねられるたびに、「どこも玄関なんです」とお答えして楽しんでいます。

縁側から入るとすぐにキッチン。みんなが自然に集まる場所。

置く物が変わる棚

27

リビングの壁面、椅子に座るとちょうど真正面の位置に、3段の棚を作りました。その棚に今飾ってあるのは、毎日聴いているCD。大好きなCDのジャケットが見えるようにランダムに置いています。CDを置く前は単行本を置き、その前はキャンドルを置いていました。

そのときどきのテンションで眺めていたい物は変わるので、置く物はどんどん変わります。何も置きたくないときはそのままで空間をスッキリと見せます。

ときには、「あのお店で見た、キャンドルと雑貨の組み合わせが素敵だったなぁ」と思い起こしながら、まねてディスプレイすることもあります。思いのまま飾ったり、まねをしたり、意識しながらこのスペースを活用することで、自分の感性を磨くことができるような気がしています。

壁に作り付けた浅い3段の棚。置く物を変えると部屋の雰囲気も変わります。

シャンデリア

幼いころに夢中になって読んだのが、『ベルサイユのばら』です。ロココ調の装飾品には子どものころから目がなかったので、物語だけではない部分にも魅了されていました。当時の夢は、「大きくなったら、ベルサイユ宮殿にあるような、エレガントなシャンデリアを部屋にぶら下げること」「ロココ調のソファや椅子に、ゆったりと身を沈めること」でした。

その後、家庭を持って子どもたちが生まれてからも、幼いころの夢は消えず、いいえ、その当時よりもさらに熱く夢を描くようになりました。

地味にこつこつ準備をして、フランス在住の友人でありアンティークショップも運営しているＣｏｃｏさんに相談しました。初めて購入したのが、彼女に探してもらった優美でいて小ぶりなシャンデリアです。

それから数年経ち、わが家にはさらにふたつの美しいシャンデリアがやってきました。淡いパープルのクリスタルガラスが落ち着いた印象を放ちつつも、きらびや

28

ミラーボールの光がキラキラして、何とも言えず美しい。

かで豪華な雰囲気を漂わせているシャンデリアと、コバルトブルーのミルクガラスがたくさんぶら下がった印象的なシャンデリア。このふたつはネットショップの「ラ・メゾン・ド・マリィルゥ」(http://m-marylou.com/)で買い求めたものです。そして、すべての照明器具に、調光できるスイッチを取り付けました。夜はその日の気分で灯《あか》りをぐっと控えめにします。

照明器具は、空間を明るく照らすだけのものではないように感じます。空間の雰囲気づくりもさることながら、何よりも、精神的な安らぎを与えてくれる大切な要素です。家の中で過ごす時間が長いからこそ、灯りも楽しみのひとつとして、日々愛でつつ過ごしたいと思います。

今も地味にこつこつシャンデリア貯金をしている私ですが、時折部屋を見渡しながら「ここにはこんな感じのシャンデリアをぶら下げたいな……」と夢見る、または妄想することが、現実に近づける早道のような気がします。

左＝Cocoさんに選んでもらった初めてのシャンデリア。右＝ステンドグラスのランプシェードはかわいらしくて落ち着いた雰囲気。

29 絨毯のクリーニング

10年以上前、宇都宮市にある東武百貨店の絨毯《じゅうたん》売り場で、シルクの絨毯とギャッベの絨毯を数枚、父に買ってもらいました。踏み心地のよさと独特の風合い、発色の味わいのよさは、十分理解していたので「新しい絨毯を買いに行こう」と話が決まった時点で、父の頭の中には「今回もギャッベの絨毯を」という考えがあったようです。

さっそく絨毯売り場に両親と私たち夫婦と出向き、絨毯の数々を見せていただいたのですが、どれも素敵でうっとり。ついでに値札に書いてある価格も、別な意味でうっとり。娘とすれば、いくら買ってくれるとはいえ高額すぎるゆえ、ここは妥協してほかのお店で購入したほうがいいのではと心配になりました。父に小声でその旨を伝えたところ、「一生の買い物をするときに、せこいことを言うな、黙ってろ」と一喝され、購入が決まりました。

「安いものはそれなりの質なんだ、百貨店で買うときこそいいものを買わないとい

ギャッベの絨毯は独特の風合いと踏み心地。

けない。安物を買ったら死に銭を使ったようなもんだ。こうゆうことを、よく覚えておけ」という父の言葉を、腑抜け状態になりながら聞いたわけですが、本人が言っていたとおり、その絨毯は10年以上経った今でも立派に使えています。

昨年、家を増改築&リフォームした際に、家の外壁の塗装をお願いした会社のミスで、部屋が水浸しになったことがありました。その際に、いちばん大きなサイズの絨毯が雨水を吸ってしまい、東武百貨店にほかの絨毯も一緒にまとめてクリーニングをお願いすることになりました。

電話でクリーニングのお願いをしてから数日後、スーツをビシッと着込んだ方々がわが家まで絨毯を取りに来てくださり、父の言ったとおりだったなと改めて感服しました。なぜなら、東武百貨店の対応は、最初から完璧だったからです。

担当の方に聞いたところ、ギャッベやシルクの絨毯の場合は、専門の業者でないとクリーニングできないそうです。今回、ギャッベの絨毯の穴の修理もお願いしたところ、きれいに修復されて戻ってきました。ほかの絨毯もあわせて、手元に戻ってくるまでにトータルで1か月あまりの時間を要しましたが、最初の時点で細かい説明を聞いていたため、安心していられました。

たしかに高額な買い物ではありましたが、10年以上経っても、きちんとメンテナンスをしてくれ、丁寧な対応もしてくれる。何よりも頼んだこちらが気持ちがよい。クリーニング代も高額ではありましたが、損をしたという気持ちはありませんでした。むしろ、今後もメンテナンスをしてくれるということに安心感を持ちました。

絨毯を購入した本人は天国に逝《い》ってしまいましたが、「ほら、俺の言ったとおりになった」とにやりとしていることでしょう。

「いいものを買って長く使うほうが、生きたお金の使い方になる」父の買い物の仕方を見ていて勉強になったことはたくさんありますが、これもその中のひとつです。

すぐれた道具は料理を楽しくする

30 ハンディブレンダーとスタンドミキサー

子どもが離乳食を食べはじめたころ、それこそ華厳《けごん》の滝からバンジージャンプするような思いで購入したのがハンドミキサーです。この便利なマシーンにはずいぶん助けられました。混ぜ合わせる、すりつぶす、刻む、砕く、泡立てる。これらの作業があっという間にできるのですから、うれしい驚きです。何年もキッチンで愛用していたのですが、ふとしたきっかけでボッシュ（BOSCH）のハンディブレンダーとスタンドミキサーに出会いました（http://www.club-bs.jp/）。ボッシュの製品を使ってから、それまで愛用していたハンドミキサーとキッチンエイドをほとんど使わなくなってしまいました。それほどボッシュのマシーンが優れていたからです。

まずハンディブレンダーのどこが優れているかというと、コードレスという点です。今まではビュィーンと動かしながらもコードがあちらこちらにクネクネともたつく（しかも持ち上げて動かすときはコードの重さも加わり非常に難儀する）のがネックでした。充電式で思い立ったときにサッと持って稼働できる便利さと喜びは、想像以上に大きいものです。

スタンドミキサーは、一般のミキサーと違って首振り方式でアタッチメントが材料を包み込んで攪拌《かくはん》してくれます。メレンゲや生クリームも驚きの速さで攪拌、きめ細やかな泡立ちに仕上がります。いちばんの魅力は、スタンドミキサーにしては驚くほど軽いこと。長年使っていたキッチンエイドはパワーはあるけれど非常に重い。ヘルニア患者の私にとって、この軽さはとてもうれしく、それこそヒョイッと移動できるのです。すぐ使えるように、ハンディブレンダーとスタンドミキサーはシンクとガスコンロの間、中央の位置に置いて日常的に活用しています。

さて、ハンディブレンダーで何を作るかというと、子どもたちにはアイスクリーム（ベースを作ったら製氷皿で凍らせ、一気にガーッと攪拌してでき あがり。簡単なのに豪華な味わい、後からいちごを足して攪拌してもおいしい）、旬のフルーツを凍らせて作るスムージーや野菜ジュース、かぼちゃのポタージュにビシソワーズ。手軽でおいしい肉だんごや海老だんごは、まとめて作って油で揚げて冷凍しておけば、時間がないときにチリソースや酢豚風にして調理したり、海老だんごは春雨スープに入れたり、炒め物に入れたりと便利です。

ハンディブレンダーは鍋を火にかけながら攪拌もできるので、トマトソースやポタージュもあっという間にできあがります。マヨネーズやドレッシングもお手のものです。れんこんや山芋入りのハンバーグも簡単に作れ（添える大根おろしもビューンで終わり）、ちょっと洒落《しゃれ》たアボカドと海老のムースなどもあっという間です。

スタンドミキサーでは餃子《ぎょうざ》やシュウマイの具を作ったり、普段のパン生地やお菓子作りにフルに活用しています。オプションのミンサーはどんなお肉でもミンチにしてくれる優れもの。細目、中目、粗目とひき具合を調節できます。お肉を自分で好みの具合にひけるなんて、すごく楽しいですよね。

アイスクリーム

■材料
牛乳…500cc／生クリーム…100cc／エバミルク…150g／コンデンスミルク…150g

■作り方
1 大きめのボウルにすべての材料を入れてよく混ぜ合わせ、ラップをして冷凍庫に入れる。3～4時間ごとに攪拌して凍らせる。
2 ほどよく凍ったら、自分好みのトッピングを混ぜ込んで楽しむ。ラズベリーとピスタチオの組み合わせがとってもおいしいのでおすすめ。

冷凍のラズベリーを混ぜ込んだアイスクリーム。酸味と甘さが絶妙、簡単なのにおいしい、普段のおやつにもおもてなしにも合うデザート。

ボッシュのハンディブレンダーで攪拌中。

さつまいもと
コーンのポタージュ

■材料（4人分）
さつまいも…150g／水…150cc
A クリームコーン（缶詰）…100g
　砂糖…小さじ2
　牛乳…250cc
　生クリーム…50cc
　塩…ひとつまみ
[飾り用]
クルトン、パセリ、生クリーム

■作り方
1 さつまいもを粗くカットして水とともにステンレスの鍋に入れ、中火にかける。沸騰したら火を弱めて蓋をし、さつまいもがやわらかくなるまで煮る。
2 やわらかくなったらAの材料を鍋に加え、さらに8分ほど弱火で煮込む。
3 ハンディブレンダーで攪拌してポタージュにする。器に盛って飾りのクルトンとパセリをちらし、最後に生クリームをたらりとかけてできあがり。

カリカリに焼いたトーストをこの
ポタージュにつけながら食べると、
とってもおいしい。

万能フライパン

毎日の食事作りに欠かせないのがフライパンです。料理を作りはじめてだいぶ経ちますが、フライパンで満足したことはありませんでした。収納は楽だけど持ちが悪くてすぐに買い換える羽目になったり、デザインがいまひとつだったり。そして、探し続けてようやく出会ったのが、スイスダイヤモンドのフライパン（http://www.swissdiamond.jp/）です。

いちばん出番が多いのが、ソテーパン（26㎝）。7・5㎝の深さがあるので、煮物も作れてしまいます。材料を炒めてだしを注いで調味料を入れてぐつぐつ煮込むまでこれひとつ。肉じゃがや麻婆豆腐、パエリアも作りますし、チャーハンも作ります。先日は具だくさんの中華丼の具をたっぷり作りました。当日は中華丼に、翌日はシーフードを足して五目あんかけ焼きそばという具合です。とにかく使いやすい形状なので、料理をするたびに使っています。

深さ4㎝、直径20㎝のフライパンは、ひとり分の目玉焼きを焼いたりするのに重

スイスダイヤモンドのフライパン。一度使ったらほかのものは使えません。

宝、一辺20㎝、深さ6㎝のスクエアソテーパンは、パスタもゆでられる便利なサイズです。

使ってみて感心したのが、熱伝導率のよさもさることながら、汚れ落ちのよさです。使って洗って、また使ってというとき、水でザァーッ！と流せばさらっと汚れが落ちてしまいます。使い込んだ今は、耐久性のよさにも感心しています。

スイスダイヤモンドのフライパンは、ダイヤモンドクリスタルの粒子でコーティングされているそうです。このおかげで、食材がこびりつかない。しかも金属のへらも使えるほど耐久性があって、グリップも持ちやすい形状です。

32 マスキングテープの活用法

最近になって、お洒落なマスキングテープを見かける機会が多くなりました。スクラップブックに使ったり、その柄を活かしてラッピングなどに使用する方が多いと聞きますが、私の場合はキッチンでマスキングテープを愛用しています。あまりにもかわいらしいマスキングテープはもったいないので、使うのはもっぱら大工さんたちが使うようなものばかり。ホームセンターでまとめて購入します。白いマスキングテープは清潔感があるし、薄い水色やイエロー、淡いパープルのテープは色合いがとってもきれい。幅もいろいろとあるので用途に分けて使えます。

マスキングテープのよさは、セロハンテープほど粘着力がないこと。使うときにぺら〜っとはがしやすいのは大きなポイントです。キッチンでは袋状になったものを「とりあえず、くるくるっと巻いて収納したい」とか、中途半端に開いた袋を閉じたいとか、いろんな部分で活用できます。そんなわけで、わが家の台所にはマスキングテープがサイズ違いで置かれています。

33

お菓子熱の上がる型

お菓子の焼き型の中で気に入っているのは、製菓材料の店「クオカ」(http://www.cuoca.com/)と千代田金属工業の共同開発によって生まれた焼き型シリーズの数々です。スプレーオイルを軽く吹き付けただけでオッケイ、そして、驚くほど型離れがよいので、焼成後はすぽーんとそれは清々《すがすが》しい気分で型出しできます。

いちばん愛用しているのは、ミニクグロフ型です。そのままでも十分にかわいらしいのですが、真ん中にフルーツを盛り合わせて出したり、ホワイトチョコレートをかけてアラザンなどでおめかしすれば、よそゆきのお菓子に早変わりします。最近はケベックのメープルシュガーを使って、メープルバターケーキを焼くことが多いのですが、ちょっとしたプレゼントにもこの型を選んで使っています。

お菓子の型は今までにたくさん使ってきましたが、日本製で、これほど使い勝手のよい型には出会ったことはありませんでした。型によって、お菓子に対する情熱もさらにアップしました。

メープルバターケーキは大好きなおやつ。

シリコンの型

34

私がシリコンの型を初めて知ったのは、かなり昔のことです。当時は置いてあるお店が近くにはなく、仕事の休みをとって東京の合羽橋まで出向き、製菓道具を扱うお店でシリコンの型を購入していました。さまざまな形があり心が躍りましたが、何よりも型に何も塗らず、そのままダイレクトに生地を入れて焼けるということに驚いた記憶があります。

簡単に使えると気持ちも軽くなり、ちょっと時間があくと生地を仕込んで焼いていました。もっとほかのことにもこの型を使えないかと考えていたとき、アイスキューブを作るのにいいのではないかと思いつきました。ちょうどシリコンのマーガレット型とオーバル型が手元にあったので、さっそく水を入れてトレーに並べ、一晩凍らせてみました。

翌日冷凍庫を開けて型を取り出し、型を下に向けて親指でぐいっと押してみたら、スポン！とマーガレット型の氷がシンクの底に消えていきました。焼き菓子でその

バラ型の氷を紅茶に浮かべると、涼やかな中に華やかさが生まれます。

型離れのよさは実感していたけれど、氷でもまったく同じだったなんて驚きです。型から出したマーガレット型の氷は子どもたちに大好評で、夏にはいろんな型を使って氷を作りました。

来客の際にオーバルの形の氷を使って冷茶や麦茶をお出しすると、みなさん氷の形に目が釘づけです。夏の暑い時期は、シリコンの型で氷を作り、たらい（64ページ）に氷を入れてワインクーラーにして使います。バラの形やオーバルの形、さまざまな形の氷が入っているだけで、楽しい気分になります。

最近では合羽橋まで行かなくても、シリコンの型をネットで選んで購入できるようになりました。よく利用するのは「マトファー・ショップ」（http://www.rakuten.co.jp/matfer-j/）。マーガレットの型、バラの型などを購入しています。

色鮮やかな器

35

色の鮮やかな器、ニュアンスのある器が好きです。和洋関係なく輪花の器に目がなくて、どこに行っても探してしまいます。

今いちばんよく使うのが、高島大樹さんの器です。輪花の器には、何を盛り付けても、不思議と上品に、きれいに見せてくれる懐の深さがあり、シンプルなボート型の器は、ガーリックペンネ、サラダをとてもきれいに見せてくれます。カレーなどを食べるときも活躍します。

荒木義隆さんのトルコブルーの器（うつわや悠々 http://www.rakuten.ne.jp/gold/yuuyuu/）は、心まで蒼《あお》く澄みわたっていきそうなほど美しい色合い。トマトとモッツァレラ、バジルのサラダを盛り付けたり、さくらんぼをのせて愛でつつ食べたり、さまざまな料理やおやつをのせて、食卓を彩ってくれます。

エスニック料理だけにとどまらず、さまざまな料理に花を添えてくれるのが、ジエンガラのフランジパニ・モチーフのプレート（サダリショップ http://www.rakuten.

ne.jp/gold/s-d-r/）です。盛り付けながら心躍るようなフランジパニ・モチーフ。スパイシーな春巻きとディップを一緒に盛り付けたり、チキンサラダを豪華にのせたり、サンドウィッチを盛り合わせたりして楽しみます。

そして、もう10年来愛用しているのが、江戸切子の器とグラスです。春や夏にはグラスにアイスやシャーベットを盛ったり、わが家の定番おやつであるパンナコッタ（12ページ）を盛るのもこの江戸切子のグラスを選んでいます。

「普段から江戸切子の器を使うなんて、割ったらどうしようって思わない?」と友人に聞かれたりもしますが、こうしたものこそ、普段使いをしたいのです。キャビネットの肥やしにしているなんてもったいない。気に入ったものは高い安い関係なく、日常的に使いたいものです。

左＝江戸切子の器。脚付きのグラスはシャンパンやワインに、小さなカップはデザートに使用します。右＝ジェンガラの美しいプレートたち。

木のカトラリー

36

ここ数年、木製のカトラリーを使うことが多くなりました。子どもたちや持病を抱えている母のこともあるので、口に触れるものは、できるだけ温かな質感のものをと思ったからです。実際に使ってみると、口あたりがよいので、冷たい感触のカトラリーを使うことが目に見えて少なくなりました。出先で木製のカトラリーを見つけると、つい吟味してしまいますが、今は使うメーカーも絞られてきました。

よく使っているのが、益子にあるカフェ「スターネット」(http://www.starnet-bkds.com/)で購入した木のティースプーンとお箸《はし》です。しゅっと細く削られたティースプーンは、紅茶やコーヒーのときに必ず添えて出します。「スタジオエム」の栗の木のシリーズのスプーンやれんげ、フォークなども使いやすいです。そして、最近購入して愛用しているのが、「リモウト」のリックというシリーズ。薄くて細い繊細なこのスプーンは、まるで古い木から削り出したような雰囲気を醸し出しています。ショコラスプーンが大好きで、日に何度も使っています。

木のカトラリーはガラスのジャム瓶に入れて。

時間をかけずに
毎日の
ごはん

食材を使い切る

日々台所に立っていると、使い残しの野菜やくだものが思いのほか出ます。使いかけの野菜は、後で使おうと思っても結局は忘れて駄目にしてしまうことが多いもの。こうした半端な材料を使って新たな、しかも使い残しというイメージを感じさせないような料理を作れたら、それこそ主婦冥利《みょうり》に尽きるというものです。いろんな調理方法がありますが、わが家では、野菜を具だくさんのスープにしたり、チャーハンに入れたり、肉だんごにして使い切ってしまうことが多いです。

たとえばじゃがいもやにんじん、玉ねぎにピーマンの切れ端が冷蔵庫の中で目についたら、「トマトスープを作れるな」とほくほくします。トマトスープは祖母の母の時代からわが家に伝わるスープ。ベーコンと生のトマトをたくさん入れて作ります。作った日よりも、翌日、翌々日がおいしいこのスープは、半端に残った野菜を総動員して作るのにもってこい。ベーコンとにんにくをたくさん入れてコトコトと煮続け、ガーリックトーストを添えて出せば、まさにごちそうスープです。

37

チャーハンにするときは、野菜のみじん切りだけでは味が物足りないので、中にひき肉や粗く刻んだたけのこを入れたり、シンプルに野菜だけでチャーハンを作った場合はカリカリッと焼いたお肉をチャーハンの上にのせて食べたりします。

ハンディブレンダーを使って野菜を粗みじんにし、ひき肉と大葉とねぎ、ごま油、粉山椒《さんしょう》をぱらりと入れて練り上げ、油でこんがりと揚げてポン酢で食べるというのも定番です。

くだものの場合、たとえばりんごが半分残ったら、皮をむいてざくざくと切り、ジップロックの袋に入れて冷凍庫に入れてしまいます。いちご、オレンジ、バナナにパイナップル、どれも半端なものは皮をむいて冷凍します。ある程度たまってきたら、それを好みの組み合わせでスムージーにして楽しみます。

先日は、いちごとオレンジ、りんご、メープルシロップと牛乳でスムージーを作りました。最後に黒すりごまをさっと落として食べるのですが、これがなかなかどうしてとってもおいしいのです。

凍らせたくだものとガムシロップを攪拌《かくはん》したピューレにリキュールを加えて凍らせればソルベになり、飲んだ後の口直しに最適。アイスに混ぜ込んで食べるのもおすすめです。わが家では練乳アイスをよく作るのですが、これにざっくりとソルベ

トマトスープ

■材料（5～6人分）
トマト…大3個／じゃがいも…大3個／にんじん…1本／玉ねぎ…1個／セロリ…1本／ベーコン…160g／トマトペースト…大さじ1強／にんにく…大2個／パセリ…適宜／水…1リットル／鶏がらスープの素…大さじ1と1/2／塩、粗びき胡椒…適宜
[下準備]
トマトはざく切りに、じゃがいも、にんじん、玉ねぎは食べやすい大きさに（好みの大きさに）、セロリとにんにくは薄切り、ベーコンは厚めにスライスしておく。

■作り方
1 鍋にオリーブオイル適量とにんにくを入れて中火で炒める。まわりがふつふつとなってきたら、じゃがいも、にんじん、玉ねぎ、セロリ、ベーコンを入れ、まわりが少し透明になるまで炒めたら蓋をして弱火で6～7分炒め蒸しにする。
2 水を加えて中火にし、ざく切りのトマトとトマトペースト、鶏がらスープの素を入れてぐつぐつと30～40分、アクを取りながら煮る。最後に塩、粗びき胡椒をふり、パセリを加えて蓋をし、味を馴染ませたらできあがり。
＊食べごろは翌日、翌々日あたり。夏は傷みが早いので、熱が冷めたら鍋ごと冷蔵庫に入れます。煮込んで煮込んで野菜がちいさくなり、とろーんとしてきたあたりが食べごろ。ガーリックトーストと一緒に食べるのがおすすめです。

いちごのスムージー

■材料（2～3人分）
冷凍のいちご…150g／牛乳…100cc／グラニュー糖…大さじ1／バニラビーンズ（あれば）…1/4本／コンデンスミルク…適宜／ミントの葉…適宜

■作り方
1 ミントの葉以外をすべてミキサーに入れてガァァーッと攪拌すればできあがり。
2 カップによそってミントを飾り、食べるときにお好みでコンデンスミルクをかける。

を混ぜ込んで食べるのが常です。

オレンジとレモンがあったなら、ちょっと多めのガムシロップと共にハンディブレンダーで攪拌してシロップを作り、炭酸水で割ってオレンジ&レモンスカッシュにして飲むとおいしい。夜だったらシャンパンやジンで割ってもいいですね。ラズベリーといちご、レモンの組み合わせがとても気に入っていますが、そのときどきであるくだものの相性を考えながら作るのが楽しいです。

38 調味料選び

ここ数年で和食をよく作るようになり、煮物やおひたしなどが食卓に上ることが多くなってきました。それも手伝って、調味料の大切さに改めて気づかされました。食費はある程度決まっていますから、贅沢な食材を毎日使うことはできません。たとえ特売の野菜やお肉を使ったとしても、悲壮感のない（ここが重要）豪華に見える食事を作らねばなりません。そうしたことを考えると、調味料の果たす役割というのはとても大きいと感じます。炒め物にしても、和《あ》え物にしても、煮物にしても、調味料の味の違いによるできあがりの差はとても大きいからです。

春キャベツを中華鍋でジャァーッと炒め、いつものしょうゆで作ったものと、ほかのしょうゆで作ったものと食べ比べしてみたら、その差は歴然でした。調味料がおいしければ素材も生きますが、調味料自体の味がよくなければ、もうどうにもならない。素材の味を生かすも殺すも調味料次第というのは本当です。

いろいろと試してみて、しょうゆは新潟県の「てんや醤油」を使っています。甘みのある味わいで、わが家では基本のしょうゆとして愛食しています。シンプルにお刺身や焼きおにぎりにして食べてみると、おいしさがストレートに感じられます。

みりんは、国内産の純もち米を使用した、上品な甘さの「三州三河みりん」、お酢はミツカン酢の「三ツ判山吹」です。こちらはお酢特有のツンとしたところがなく、丸みを帯びた味わいで大好きです。こっくりとした飴色で、甘み、旨みが際立ち、これ以外のお酢は使えなくなってしまいました。

調味料にもいろんなブランドがありますが、ブランドにはとくにこだわりはなく、自分で実際に食べて、舌で感じて納得できるものを選びます。高いからいいではなくて、確かなものを体に取り入れていきたい。今朝は、だしとしょうゆ、ほんの少しのみりん、塩を合わせた漬け汁に、さっとゆでた菜の花を浸して、冷蔵庫にストックしました。調味料がおいしいと、シンプルな料理を作りたくなります。食の好みもゆっくりと変わっていくようです。

39 だしの活用法

ちいさいころから、鰹節を削るのが好きでした。ほかほかごはんの上に削りたての鰹節をのせたら、コンロであぶったのりを手で揉《も》んでのせ、さらに刻んだ薬味をのせ（みょうがやねぎなど）、上からおしょうゆをたら〜っとたらして食べる、あのおいしさ！　いわゆる「ねこまんま」ですが、私には、ねこまんまとは思えないほど魅力的なごはんでした。そして、母親がだしをとる後ろ姿を見ながら、「だしって、こんなふうにとるんだなぁ」と覚えたわけです。

時は過ぎ、結婚して子どもが生まれて今に至りますが、その時代、その時代で、だしのとり方や分量も変わっていき、今では数日分のだしをまとめてとっています。以前はその都度だしをとっていたのですが、忙しい合間をぬってだしをとるという作業が負担になったことから、こうした流れになりました。顆粒《かりゅう》のだしの素を使っていたこともありますが、本物のだしのおいしさを知ると、舌がちゃんと記憶しているんですね、結局は本物のだしの味が恋しくなりました。どうやったら負担なくだしをとって活用できるかと考え、それまでの意識を転換させてみました。「面倒だから、いいや」ではなく、「だったら、だしをまとめてとって、使いまわそう」と。

当初は、4～5日分のだしをまとめてとっていたのですが、新鮮なうちに使い切ったほうがよいとわかり、今では2日から3日で使い切れる量のだしをとっています。だしのとり方はさまざまありますが、私の場合は我流です。量もその都度きちんと量ってはおらず、冷蔵庫とにらめっこしながら先の献立を立て、だいたいこのくらいだろうという自分なりのいい塩梅《あんばい》を目と手で量ってだしをとっています。

使う材料は、煮干し、昆布、鰹節です。まずは大きな鍋に水を入れ、その中にはらわたを取った煮干しと昆布を入れて、そのまま数時間（一晩冷蔵庫で寝かすことも）漬け込んで、ゆっくりと水出しします。鍋を火にかけて昆布がゆらゆらとしてきたところで一度漉《こ》し、昆布と煮干しを取り除きます。

再度だしを鍋に入れて火にかけ、沸騰直前になったところで、鰹節をたっぷりと入れて火を弱め、数分煮出したら火を消して、そのまま5分ほど放置します。もう一度漉して、粗熱が取れたらピッチャーに入れて冷蔵庫で保存します。

こうして作っただしを、さまざまな料理に応用しています。だしがあれば、大好きな茶碗蒸しやうどんも気軽に作れます。ドレッシングにもこのだしを入れます。

40

ストックしておく食べ物

「今晩、行っても大丈夫？」

夕食の準備中に、友人から携帯メールが入りました。

「飲みたいものがあったら、好きに買ってきて」と返事をし、キッチンをざっと片付けてひと息いれながら、冷蔵庫の中にあるもので何を作るかイメージを固めました。

手始めに、簡単な浅漬けを作ります。これはわが家の定番です。冷蔵庫にあった大根としょうがをスライサーでスライス、塩と昆布茶（140ページ）をふって軽く揉み、冷蔵庫に入れてスタンバイ。次に、ヒレ肉を薄くスライスしてキッチンペーパーを敷いた天板にのせ、パン粉とパルメザンチーズ、ガーリックパウダーとパセリを混ぜたものを上にのせて、軽く塩、粗びき胡椒をふり、上からバターを細かくちぎってのせます。天板のすき間には、なすを少し厚めにスライスしたものを並べ、上から油をたら～っとたらして200℃のオーブンで約20分ほど熱を入れていきます。忙しいときこそオーブン料理です。

焼いている間にみょうがや青じそ、ねぎを刻んでいたところ、友人が到着。近況報告などしながら、まずは乾杯です。この最初の乾杯のとき（もしくは待たせている間など）に出すのが、柚子胡椒《ゆずこしょう》せんべいです。

切らすことがないようにストックしているこの柚子胡椒せんべいは、食べはじめたら止まらぬおいしさで、友人や仕事関係の方にとてもウケがいいおせんべいです。その日の雰囲気に合わせて、ルギャールの器にのせたり、和の設《しつら》えにして高島大樹さんの輪花の器にのせてお出しします。時間稼ぎをしてくれて、しかもある程度、賞味期限が長いものを常備しておくと、非常に便利です。

友人と柚子胡椒せんべいをつまみながら話をしつつ、手も動かしつつ、「次は、何飲む？」なんて話しているうちに、オーブンに入れたお肉となすが焼きあがりました。なすは器に並べ、刻んでおいた薬味を大胆にもりもりっとのせ、ヒレ肉のオーブン焼きは熱々のおいしい瞬間を逃さぬように、いただきます。合間に先に用意しておいた浅漬けをつまんだり、冷蔵庫に入っていたトマトのマリネサラダを出してつまんだりしながら、ほの暗いキッチンで夜中まで語り合いました。

いつもこんな流れが多いように思います。普段から定番の材料を切らさないようにしておくこと、ストック惣菜を切らさないようにしておくと、いざというときに焦らないし（ここが重要）、便利です。

柚子胡椒せんべいにしても、冷蔵庫にあったトマトのマリネサラダにしてみても。ほかにも、サラダ菜など洗って水気をとばし、すぐに使えるようにジップロックの袋に入れておいたり、冷凍庫の中にはよく使うものを用意しておきます。わが家では、今回のヒレ肉やしゃぶしゃぶ用の豚肉、鶏肉などが定番の食材です。

食事が終わったら、次はデザート。冷凍庫にストックしておいたいちご、バニラシュガー（これも切らさないようにストックしています）、生クリーム、牛乳を入れてハンディブレンダーで攪拌したものをジェラートにして食べました。

41

オリーブオイルの楽しみ

普段の料理に、「レ・ロッケ」のオリーブオイルを愛食しています。熱を加えずに時間をかけて圧搾《あっさく》しているというこのオリーブオイルは、くどくなくてフルーティ、どんな料理にもマッチします。取り扱っているのは、「ラ・スペランツァ La Speranza」(http://www.speranza.jp/)の駒木宏充さんです。

オリーブオイルの味わいがよくわかるのが、ガーリックトーストです。バゲットをスライスしてオリーブオイルをたらし、カリッと焼いたらにんにくをこすりつけ、塩・粗びき胡椒をふって、さらに焼き目をつけていきます。焼いている間にプチトマトとハムとパセリを刻んでオリーブオイル、塩・粗びき胡椒を加えてざっくり混ぜ(ハンディブレンダーを使うと簡単)、焼き上がったバゲットにスプーンでこんもりとのせていただきます。

パスタをゆでて氷水でしめたら、魚介類をさっとゆでたものと水菜、オリーブオイルと塩・粗びき胡椒、鶏がらスープの素もしくは昆布茶をぱらぱらとふり、手でざっくり合わせればもう一品のできあがりです。

ラ・スペランツァで取り扱っているものでは、オリーブオイルのほかに、極太のもっちりパスタ、トマトソースもおすすめです。おいしいものを食べたいけれど手をかけたくない、そんなときに瓶詰のトマトソースとおいしい麺があると重宝します。私の場合は、トマトソースに具をプラスして作ります。あさりとツナの組み合わせもいいですし、ひき肉を炒めたものを加えてもおいしいです。

42 ガーリックオイル

昔、バイト先でガーリックオイルを作っていました。にんにくを刻み、唐辛子と多めのオリーブオイルで和えて冷蔵庫にストックしておくだけという手軽さ、なのにあらゆる料理に使える万能オイルです。

バイトしていた当時は、膨大な量のにんにくを包丁で刻んでいましたが、今ではもっと手軽に、ボッシュのハンディブレンダー&ユニバーサルカッターを使って、あっという間に刻みが完了。レ・ロッケのオリーブオイル、唐辛子と合わせればできあがりです。わが家ではガーリックパスタを基本として、炒め物にも、和え物にも、サラダにも、使わない日はないくらい使用頻度が高いこのオイル、今では冷蔵庫に入っていないと不安なくらいです。

ガーリックパスタは、ひとりぶんのパスタをゆでている間にガーリックオイルを大さじ2~3、鶏がらスープの素少々をボウルに入れて箸で混ぜ、レンジで2分半ほどチンし、ゆで上がったパスタをボウルに投入し、塩、粗びき胡椒、刻んだたっぷりのしそを入れて箸でざっくりと混ぜ合わせればできあがり。シーフードパスタにしたいときは、ガーリックオイルを多めにしてシーフードと一緒にチンして和えるだけです。パスタをペンネにすると、おつまみにも最適です。

［ガーリックオイルの作り方］

にんにく2個を刻み、鷹の爪のスライス適宜（わが家ではスライス済みのものを使用します）と一緒に保存容器に入れ、オリーブオイルをひたひたになるくらい注げばできあがり。冷蔵庫で保存します。

一品豪華主義のお弁当

上の子が中学1年生になり、土日にある部活の練習時に、お弁当を持っていくことが多くなりました。以前はごはんとおかず数種類、お肉も入り野菜も入りと品数を多く作っていたのですが、金銭的にも時間的にも負担になっていました。そしてある日、気付いたのです。なにも豪勢にお弁当を作ることはないのだと。

わが家風に、一品豪華主義でお弁当を作ったほうが、理にかなっているし手間もかからない。余力があるときだけ（ここが重要）、できる範囲でおかずを作ろうと考えるようになってから、チャーハン弁当や焼き肉弁当などを頻繁に作っています。

チャーハンは、具を多めにして炒めます。長男はバターたっぷりのケチャップライスが好きなので、まずは具だくさんのケチャップライスをお弁当箱に詰めて、上からバターで炒めたたまごをちらして完成です。焼き肉弁当のときは、ごはん↓のり↓ごはん↓おしょうゆたら〜り、と繰り返したら、上にはカリッと香ばしく焼いた牛肉を敷き詰めて、上から宮ダレ（52ページ）を少なめにかけてできあがりです。

ケチャップライス弁当。余力があったので、前の晩にサラダで使用したうずらのたまごの残りをフライにし、たらのフライと一緒に入れました。

柚子胡椒

食生活の中で欠かせないものはたくさんあるけれど、その中のひとつが柚子胡《ゆずこ》椒《しょう》です。いろんなメーカーのものを食べてきましたが、今はつなば本舗の「ゆずとんからし」と、地元栃木の上河内で作られている「かみかわちで出来た手作り柚子胡椒」を使い分けて食べています。

つなば本舗のゆずとんからしは、利尻産昆布と天然海塩、赤唐辛子と青唐辛子をブレンドした、辛いだけじゃなくて旨みたっぷりの柚子胡椒です。ドレッシングに混ぜたり、うどんやそば、ラーメンや鍋物にも隠し味として使うほか、焼きおにぎりにしても抜群のおいしさです。

焼きおにぎりはトースターでも作れますが、私の場合は数が多いため、オーブンで作ります。ごはんをおにぎりにしたら、まずはそのまま表面がちょっとカラッとなるまで焼きます。ここできちんと焼きを入れておかないとしょうゆをつけたときにぽろぽろと崩れてしまうので、しっかり焼きます。カラッとなったおにぎりを小

44

皿に入れたしょうゆにつけ、両面からめて再度焼き上げ、両面が硬くなってきたら柚子胡椒を塗って再度両面からりと焼いてできあがりです。

地元かみかわちの手作り柚子胡椒は、刻みが粗いので、カリカリッと焼いたお肉や魚と合わせて食べることが多いです。大好きな食べ方は、和豚《わとん》もちぶたのヒレ肉(146ページ)を薄くスライスしてソテーしたものに、柚子胡椒をのせて食べる食べ方です。

柚子胡椒は、メーカーによって味わい、刻み具合がさまざま。料理によって使い分けることが楽しい調味料です。そうそう、柚子胡椒は料理だけにはあらず。普段のおもてなしの際に必ず登場するのが、日新製菓の「ゆず胡椒揚げせんべい」です。

昆布茶を料理に

昆布茶は飲むこともありますが、料理に使用することが非常に多いです。漬物やパスタ、ドレッシング、チャーハンにもぱらぱらっと入れます。

いちばん多く使うのは、簡単な浅漬けでしょうか。大根をスライサーで細くせん切りにしたら、ボウルに入れて粗塩、昆布茶をぱらぱら～、青じそとしょうがのせん切りを入れて、手でざっくり馴染ませます。そのまましんなりとするまで馴染ませて、ギュッと手で水気を絞ってまずは味見。旨みが薄いなと感じたら、ほんの少しだけ昆布茶を足して、味の素もぱらっと入れて混ぜ合わせ、コバルトブルーの器に杉盛りにして完成です。持ち寄り会のときや、ちょっとお酒を飲むときによく作るのですが、人気があるのであっという間になくなります。

子どもたちに「昆布茶を使った料理で何が好き?」とたずねたら、「おにぎり」という答え。おにぎりに昆布茶、意外とおいしいのです。昆布茶としそとごまを入れて、ちいさな俵型のおむすびにして食べるのが好きです。

45

46 メープルシロップ

　メープルシロップは、カナダの楓《かえで》の木から抽出した天然の甘味料です。おやつの材料として使うことが多かったのですが、「クインビーガーデン」(http://www.qbg.co.jp/)の「ケベック・メープルシロップ」と出会ってからは、おやつだけではなく料理にも使うようになりました。

　朝食やおやつによく登場する子どもたちの大好物、フレンチトーストにたっぷりとかけて食べたり、ヨーグルトやアイスはもちろん、サブレやバターケーキ、シフォンケーキにもぴったり。肉料理との相性がよいので、お肉の漬けダレや焼き肉のタレを作るときも、このメープルシロップを使っています。煮豚の調味料に使用すると、上品なのにこっくりとした味わいがプラスされ、最近ははちみつよりもメープルシロップを使うことのほうが多くなりました。

　紅茶を飲むときはティースプーンで1杯、煮物には大さじ1～2杯のメープルシロップを入れて。

ダイエットはスープで

私は太りやすい体質なので、普段から食事には気をつけていますが、食欲の波に負けてたらふく食べる（そして肥える）ことも頻繁です。よって、ダイエットも日常になっています。そんなときによく食べるのが、ダイエットスープです。ダイエットスープと聞くと、味わいも薄く具も少ないスープを想像するかもしれませんが、私の場合は炭水化物を控えることも考慮して、信じられないほど具だくさんです。

よく作るのが、ヤングコーン、うずらのたまご、たけのこ、肉だんごが入った春雨スープです。味が薄いとパンチも満足感もなくなりますから、台湾出身の友人に作ってもらっている本場の豆板醤《とうばんじゃん》を使ってピリカラにして作ります。肉だんごにはしょうがをたっぷり入れて、にんにくも多めにします。

ごはんを少なめにして具だくさんのスープをとるようにしてから、以前のようなつらい空腹感もさほど感じなくなりました。お腹が減ってドカ食いしたくなったら、とりあえずスープを飲む。これだけでも、かなりカロリーオフになります。

ごはんを炊くようにパンを焼く

48

私がパンを気軽に焼けるようになったのは、料理家の門間みかさんの影響があります。

「私、家庭でパンを焼くのなら、たくさんのレシピはいらないと思う。家族が大好きな丸パンがあって、それを応用した惣菜パンがあって、それで十分じゃない？ごはんを炊くように、パンを焼いてほしいって思うの」

そうみかさんがおっしゃったとき、心底びっくりしたのです。ごはんを炊くようにパンを焼く。はたしてそれができるだろうかと。ですが、実際にみかさんの手順を見せてもらい、また自宅で実践しているうちに、それができるようになってきました。時間を逆算して仕込み、発酵時間もパン自身に聞くような気持ちで、ゆったり構えてパンを作るのです。

私が普段作っているパンは、丸パンが基本。その基本のレシピを応用して、惣菜パンを作る程度です。前の晩に作ったドライカレーがあまっていれば、チーズと組み合わせてカレーパンに。海老とオニオンスライスとチーズの組み合わせもおいしいし、ツナとヤングコーン、チーズとマヨネーズの組み合わせだって、とってもおいしいです。

気負わない材料で作るということも、ごはんを炊くようにパンを焼くうえで重要なポイントです。凝った作りの贅沢《ぜいたく》なパンはお店で買えばいい。家族が食べるパンは、シンプルな丸パンをベースにしていくつかのお惣菜パンがあれば、それでいいのです。

焼きたてのパンを頬張れるって、本当に幸せなことです。パン作りはレシピを絞ることによって、もっと身近なものになると思います。

丸パン応用編。まん中にくぼみをつけて、ホワイトソース、
ベーコン、マヨネーズを入れて焼きました。

心をとらえて離さない食材

49

《和豚《わとん》もちぶた》

「伊能勢さん、和豚もちぶたってご存じですか？　ジューシーですごくおいしい豚肉なんです」

ポータルサイト「ルーペ」の落合哲也さんに聞いて、すぐさま購入しました（http://www.waton.jp/）。お肉の質のよさは聞いていましたが、食べてみないことにはわかりません。とりあえず肩ロースの塊《かたまり》肉、薄切り、ヒレ肉を購入してみました。届いたのは、私の心配を蹴散《けち》らすようなお肉。きめの細かさと脂のさし加減もさることながら、お肉の色と匂いで、「あぁ、これはきっとおいしいな」と瞬時にわかりました。

普段から、牛肉よりも豚肉をよく食べます。脂身が苦手なため、ヒレ肉を購入することが多いです。今回はいつもと同じ食べ方で食べてみようと思い、すぐさまヒレ肉をスライスしてフライパンで表面をかりっと焼いて塩、粗びき胡椒をふって食べてみました。噛《か》んだ瞬間に肉汁があふれ出し、お肉のおいしさが口の中に広がります。ヒレ肉は強火で焼くとパサパサしがちですが、和豚もちぶたに限ってはそうした心配はまったくありません。

それ以来、和豚もちぶたのおいしさのとりこになってしまいました。肩ロースの塊肉を使って煮豚（煮汁もスープに活用。すっきりとした味）を作ったり、薄切り肉はしそとプロセスチーズをクルクルと巻いてフライにしたり、ヒレ肉は薄切りにして表面をかりかりっと焼いて柚子胡椒をつけて食べたり、クリーム煮にして食べたりしています。先日は大量に豚汁を作ったのですが、あっという間に鍋が空になりました。

《鹿沼の絶品しゃも肉》

「鹿沼のしゃも肉が、とびきりおいしい」という噂は、以前より耳にしていました。某店で鹿沼のしゃも肉のソテーを食べたときは、「噂に聞く、そのしゃもだろうか……」とその味を堪能しつつ、頭のなかでぐるぐると考えていました。ちょうどそのころ、数人から続けて鹿沼のしゃも肉の話を聞き、「これはぜひ食べたい、いや絶対に食べねば」とすぐさましゃも肉を注文しました。届いたお肉を手に取ったら、なんときれいな色！　パックの中には1羽分のお肉がひとそろい。

夕食までとても待てず、もも肉に塩・粗びき胡椒をふり、フライパンで両面をかりっと焼き上げ、ボードにのせ、包丁で今まさに焼きあがったばかりの鶏肉をスライスした瞬間、弾力のあるお肉からあふれる肉汁。ささっと皿に盛り付けて、子どもたちはおしょうゆをたらして、私はそのままお肉を口にしました。

「これ以上においしい鶏肉を、自分はいまだかつて食べたことがない」というのが、正直な感想です。このしゃも肉を作っているのが、栃木しゃも加工組合の石澤慎一さんです。ちょっと疲れてきたな、パワーをつけたいなと思うと、石澤さんのしゃも肉を食べたくなります。

《卵明舎《らんめいしゃ》のたまご》
オーブンの中のシフォンケーキが、気持ちよいスピードでぐんぐん膨らんでいくのを目の当たりにしたときは、しみじみと感動しました。いつものレシピで焼いているのに、膨らみ方がこんなに違う。今度はいつものオムレツで試してみると、見た目はふんわりやわらか。スプーンですくって口いっぱいにとろとろのオムレツを頬張ってみると、半熟なのに生臭さもなく、それでいて具を引き立てるような味わい。卵明舎の「磨宝卵《まほうらん》ＧＯＬＤ」（http://www.ranmeisya.com/）というたまごを初めて調理に使用したときのことです。

主張するたまごの味が好きだというひともいるけれど、私の場合は調理したときにほかの材料を引き立てるような味が理想です。このたまごで焼くシンプルなバターケーキが大好き。プリンもおいしいし、チーズオムレツも、親子丼も、最高においしい。

もうそろそろたまごを買いに行かなくては。おいしいたまごのためならば、少々のドライブも苦になりません。

ゆとりが生まれる時間の使い方

キャンドルの魅力

50

精神を集中したいとき、心から和みたいとき、友人と語らう夜に灯《とも》すのがキャンドルです。その中でもアロマキャンドルは、私の日々の生活の中で欠かせないアイテムのひとつになっています。

愛犬の匂いも気になったりするので、それこそ昼も夜も関係なく灯しますが、来客前にキャンドルを灯して空間を清めることも、わが家の決まりごとのひとつです。こうしたときはどんなに寒くても一度家中の窓を開けて、フレッシュな空気を家全体に循環させてから窓を閉め、それからキャンドルの火を灯します。

いちばん長く愛用しているキャンドルは、「ディプティック DIPTYQUE」のアロマキャンドルです。中でも定番の香りは「ベス BAIES」と「ローズ ROSE」。「ニコライ NICOLAI」のローズやミモザ、「トゥルーグレース TRUE GRACE」のモロッカンローズ、「エリザベスダブリュー elizabethW」のローズやテュベローズ、「ロタンティック Lothantique」のホワイトティなどのアロマキャンドルも好きです。

キャンドルを灯すとほんのりとローズの香りが部屋に漂います。

一日に何度も火を灯《とも》し、浴室でもアロマキャンドルを使用します。リラックスしたいとき、または自分ひとりの時間を持ちたいときによくこうした時間をつくります。浴室の電気を消して、アロマキャンドルをそこかしこに置いてその灯《あか》りだけで湯船に浸かるのですが、ゆらゆらと揺れる灯りを見ながらゆったりお湯に包まれていると芯からリラックスできます。浴室がバラの香りに満たされ、とても贅沢な気分になります。

アロマキャンドルは安くはありませんが、日に何度も楽しめ、さまざまな楽しみ方ができることを考えると、決して高い買い物ではないと思います。

51 スタンプで遊ぶ

繊細なタッチで描かれた蝶々のスタンプ。長く使っていても飽きることがなく、年々愛着がわいてきます。これは、陶芸家であり、最近は文具のデザインも手掛けている山田いづみさん（http://www.hekisui.com/）の作品です。彼女の作品が大好きで、ほかにもリボン、シンプルでエレガントなライン、バラや草花のスタンプなどを持っています。

和紙や紙にスタンプを押し、それを乾かして包装紙として使用することが多く、単色ではなくいくつかの色を組み合わせてグラデーションが出るようにスタンプします。

たとえば花のスタンプの花の部分は赤と青で部分的に色を重ね付けし、葉の部分は緑と濃い緑で濃淡をつけて色を重ね付けすると、とてもきれい。蝶々は触角のところは金色に、羽の部分は2色、3色とそのときどきで遊びながら色を重ねていきます。スタンプする紙質によってもその印象が変わるので、いろんな紙で試してみるのも実験のようで楽しいです。

何度も色を重ねていくのは手間がかかりますが、スタンプをそっと紙から持ち上げるたびにうれしくなり、かかる時間も手間も忘れてしまいます。こうして包装紙をオリジナルで作りプレゼントを包んで贈ると喜ばれますが、私の場合は自分がいちばん楽しんでいるのかもしれません。

そしてもうひとつ愛用しているものに、篆刻《てんこく》の印があります。お礼の手紙を出す際などに和紙と筆ペンを使うことが多く、そのときに押すのです。数年前に友人のお父様に彫っていただきました。

印をどんな形にするか考えたとき、頭にぱっと浮かんだのが、りぼんでした。ひらひらと舞うりぼんのモチーフがいいなと思ったのですが、篆刻の印にりぼんだと、ちょっとイメージが合いません。そこで、似通ったイメージで何かないかと考え、巾着袋のひもの結び目が思い浮かびました。洋のイメージを和のイメージに置き換えた形です。これまでのつながりに感謝し、今度はほかの誰かにつないでいける自分でありたい、身のまわりにあるすべてのことに、常に感謝する気持ちを自分自身が忘れないように、という意味を込めました。

朱印を練って和紙に印を押すと、背筋がぴんと伸び、清々しい気持ちになります。

左＝篆刻の印は、和のような洋のような巾着袋のデザイン。右＝あでやかな蝶々のスタンプ。

52

書くということ

子どものころから「描く」ことが大好きです。幼稚園から始まり、小学生のころは絵を描いたり、自分だけの新聞を書いたり、四コマ漫画を描いたりすることがいちばんの楽しみでした。その後、中学生、高校生になり、描くことが「書く」ことに変わっていきました。

一日にあった楽しいことや頭にきたこと、好きなひとのことや大嫌いでしょうがないひとのことを、それこそ綿々とノートに書いたのです。そうした子ども時代を経て大人になり、「書く」という意味合いで現在のブログにもつながるわけですが、幼いころとはまた違った部分で、「書く」ことの大切さを感じています。

大人になると、理不尽な出来事も冷静に受け止めて大人な対応をせねばなりません。にっこりと笑顔で対応しても心の中はマグマのように怒りが燃えたぎるようなこともあるわけです。そんなとき、私は自分なりの心の落ち着け方として書いて気持ちを整理しています。

マイナスな気持ちを心にためておいても、いいことはひとつもありません。とりあえず心情を紙に書きなぐり、その後びりびりにちぎって紙を捨ててしまいます。書いて、ちぎって、捨て去ってしまうことで、かなりスッキリ、サッパリするのです。

自分を見つめなおすという点においても、書くことは有効です。今、自分が何をどう考えているのか、何を大事にしたいのか、何が好きで、何が嫌いなのか、プラスの面でもマイナスの面でも書きながら気付くことがたくさんあります。つらいときは、書くことで助けられることが多くあります。それは、まるで自分で自分に「ありのままの自分でいいんだよ」と語りかけるような、または「今頑張らないで、どうするんだ」と叱咤激励《しったげきれい》しているような感じです。

「書く」ことは、もうひとりの自分が、客観的に自分を見て分析しつつ、コントロールしていくようなものです。自分の気持ちを文字にして書き綴《つづ》るという行為は、自分を見つめなおす作業につながる、そして気持ちの整理整頓にもつながります。今の私にとって書くことは、精神衛生上欠かせない作業になっています。

紅茶とジャムの時間

日常的に飲む紅茶と、ひとりで優雅に飲みたい紅茶があります。日常的に飲むのは、トワイニング、ルピシア、カレルチャペックの紅茶などです。ストレートで飲んだり、ミルクティーで飲んだり、スパイスを入れて飲んだりと、その日の気分によって飲み方も変えています。これとは別に、自分を大事にしたい時間に飲むのが、マリアージュ・フレールの紅茶と、最近仲間入りしたジェーン・パッカーの紅茶です。このごろは、ジェーン・パッカーの紅茶を時間をかけて飲むことが増えました。「今日はとってもいい天気だから、縁側に座って山を見ながらぼんやりしよう」というときは、お茶を選んだりお湯をわかしている時間でさえも愛おしいものです。そんな時間に欠かせないアイテムが、ティージャムです。

ジャムはルピシアのティージャムやマリアージュ・フレールのもの、最近は「ピュアローズティーショップ」(http://www.bara-tea.com/) のダマスクローズジャムが気に入っています。ジェーン・パッカーの紅茶にジャムを入れてティースプー

見て食べて楽しめるバラの花びらのジャム。

ンをくるくるっとまわすと、バラの花びらが紅茶の中でひらひらと舞い、それは優雅な気持ちになります。こちらのバラのジャムは、これでもかというほどダマスクローズの花びらが入っているにもかかわらず、すっきりとしたバラの香りと味わいです。

ジェーン・パッカーのシリーズにはブレンドティーのほかにハーブティーもあり、どれも上品な味わいです。ブレンドティーの中ではピュアローズ、スミコドリームを、ハーブティーではチェリーブロッサム、スィートハートが気に入っています。リーフパックに透けて見えるハーブがとてもきれいで、見ているだけでも癒されます。

長年使っているティーカップの中から、その日の気分に合ったものを選んで丁寧に紅茶をいれ、すべての音を消して縁側に座り、お茶を飲みつつおやつをつまみながら、ひたすらぼんやりする時間。この、なんてことない「ぼんやりとした時間」が、私にとっては大事なのです。

山の木々のざわめく音を聞きながら鳥の声に耳を傾け、近くの小学校から聞こえる子どもたちの声を感じながらくつろぐ時間。そのときに飲むお茶の、なんとおいしいこと。

手作りの石けん

54

石けんには、ハピネスがたくさん詰まっています。まずはレシピを考える楽しみ、そして作る喜びに、待っている間のワクワク感。さらにカットするときのドキドキ感。最後に、大事なひとに贈る喜びです。私はラム酒をたっぷり入れた石けんが好きです。ほかには、ベースの生地にピンククレイと竹炭パウダーをそれぞれ混ぜ込み、ピンクと黒が絶妙に混ざり合った、ちょっとロマンティックな石けんも大好きです。こちらはギフトに使うことも多いです。

自分の好きなオイル、そしてオプション、精油を配合して、いろんな型で作るって、とっても楽しいのです。お菓子作りに似ていることも好きな理由に入っているかもしれません。

もうだいぶ前のことですが、とてもつらい時期に、友人から手作り石けんをもらったことがあります。彼女の贈ってくれた石けんは、ちいさなハート型でした。お風呂に入って、しばらくその石けんを眺めていました。使うには忍びないほどきれいだったからです。

ドキドキしながら石けんをお湯にくぐらせて、優しく泡立てると、真っ白いきめ細やかな泡はどんどん大きく膨らみます。そのふくふくとした泡で、くるくると顔も体も洗い流していたら、涙がいっぱいあふれてきました。ありがとうという気持ちがわいてきたと同時に、石けんが悲しさを一時、洗い流してくれたような気がしました。美しくて、はかなくて、優しい石けんでした。

石けんを仕込むのは時間がかかりますが、今また新たにこんなものも作ってみたいという意欲が増しています。お菓子みたいな石けん、シンプルだけど美しい石けん……。石けんのレシピノートに、忘れないうちに書き留めておかなければ。こうして考えることも楽しみのひとつです。

3層の竹炭入り石けん。お菓子のような夢のある石けんを作るのが好きです。

着こなしあれこれ

親しい友人の着こなしを見ていると、「私も歳相応の、きれいでいて清潔感のある着こなしをせねば」と痛感します。この、「歳相応の、清潔感のある着こなし」という部分は、今もっとも自分が注意していることです。時折街に出ると、「あぁ、無理をしている……」と感じる方を見かけることが多く、そんなとき、「自分はどうなんだろうか」と思うわけです。というのも、私は色のきれいな服が大好きだからです。

「SM2」で購入したコバルトブルーのジャケットに、パープルやグリーンのカットソーも好き、「45rpm」のさわやかな黄色のカットソー、「grin」の赤のカーディガン、ブルーのコットンのワンピースも気に入っていて着倒しているし、「スタジオクリップ」で購入したワンピースはライムグリーン、カーディガンは赤を選びました。ちなみに今着ているワンピースはグリーン、羽織っているカーディガンはパープルといった具合です。

こう書けば、「あぁ、色の氾濫《はんらん》」と思われる方も多いと思います。実際、私のワードローブを見てみると、下手をするととんでもない色の組み合わせになり、「このひと、歳を考えないと」と思われそうな着こなしになることもあるわけです。子どもの授業参観の後、帰宅してほっとひと息いれているところに長男がやってきて、「ママ、異常に目立ってたから、派手な色のへんてこりんな形の服を着るのはやめて」と頼まれたこともありました。

そんなことがあってから、自分の考えている組み合わせを客観的に再度見て、引き算の組み合わせがいいのだと気付きました。また、服を購入する店を限定すること、そして、服を買うときは、お店の人に遠くから見てもらい、私に似合う組み合わせを決めてもらって購入することも重要だとわかりました。

私の場合は、最初にお店の人に私を遠目で見てもらい、好きな色と形を述べ、そのうえで候補の服を持ってきてもらい、試着します。ぱっと見た印象でどれがよかったか質問して決めるので、あっという間に購入するか否かが決まります。一緒に買い物に行った友人は、「普通、自分で悩んで買うでしょう？　どうしてそんなに決めるのが早いの？」と驚きます。

たとえば、当日赤い色のカーディガンを着ていたら、「赤のこのカーディガンに合わせるなら、どんなスカートがいいですか？　前に購入した白いワンピースとも合わせたいのですが」と率直に聞いて、お店の人に教えてもらうのです。いくつか候補を着てみて、印象がいいものを教えてもらい、購入を決めます。自分で組み合わせて失敗するよりも、客観的に見て似合うものを教えてもらうほうが、私に限っては賢明というわけです。

私は締めつけられる、窮屈な服が好きではありません。ボディに自信がないというのもありますが、それよりも何よりも、体が締めつけられることによって動きにくくなるというのが、心底駄目なのです。普段はリネンのふわっとしたワンピースもしくはスカートを基本の組み合わせとして着ることが多く、どれもリネンや綿素材のものばかりを選んでいます。

普段着はSM2やスタジオクリップ、ちょっとよそ行きにはアニエス・ベーに限定されてきている現在、昔のような過ち、ちぐはぐな着こなしはだいぶ減ってきました。失敗から学び、引き算の組み合わせを意識して服を選び、ワンポイントとして色のあるものをチョイスするスタイルです。

靴はもっぱらぺたんこ靴、普段の生活でいちばん履いているのはSM2のシューズです。

56 信頼できるお店を絞る

日頃、ネットを通じてよく買い物をしています。家にあるアンティークの家具類も、ネットショップで購入した物が多くあります。私の場合、あちらこちらのお店で購入するということはなく、毎回決まったお店を利用しています。オーナーさんとのメールのやりとりはかなり多く、直接電話でお話することもたびたびです。

オーナさんの眼力が優れていて、セレクトが自分の好みと合っているかどうか、細かな部分での質問にも親切に耳を傾けてくれるか、メンテナンスも受けてくれるかどうか、何よりもオーナーさんを信頼できて自分と合うかどうかを基準にお店を選びます。

先日は、名古屋にあるアンティークショップ「Kio」(http://www.kio-deco.com/)で、フランスの古いソファを購入しました。いつだったか、オーナーの岡田さんからいただいたメールに、「骨董的な価値も大事だけれど、それプラスアルファ、おしゃれな部分を大事にしたい、このフィルターだけは崩したくないと思っています」とあり、暮らす場所は違えども自分が目指しているものと同じ感覚を持っていらっしゃる方なのだな、だからこのお店で購入したいと思うのだなと、しみじみ感じました。

考えてみると、実店舗で買い物をするよりもオーナーさんと密接かもしれません。距離は遠く離れていても、顔が見えなくても、文字から、声から、相手の印象は伝わりますし、信頼関係も育めるものだと思っています。

57
キャンドルが使えないときは

昨年わが家に仲間入りしたサルーキのスズ（現在1歳）のやんちゃぶりに振り回されてしまい、場所を選んでキャンドルを置かなければならなくなりました。ゆらゆらと揺れる灯《あか》りがおもちゃに見えるのか、アロマキャンドルの芯《しん》をかじろうとして鼻の頭を軽くやけどしたことがあるのです。いろいろと考えた末、火を灯《とも》すキャンドルは愛犬の手の届かない高さに置いて、プラスアルファ、オクソー（OXO）のキャンデラ グロウとデミグロウをあちらこちらに置いて楽しむことにしました。

このキャンデラ グロウ、購入する前は正直期待していなかったのですが、使ってみると、かなりよい使い心地でした。倒れても火の心配がないLEDのランプを搭載、充電式で軽いのでひょいっとどこにでも持っていくことができ、何よりも灯りが長持ちするのがいいのです。そのままの灯りでも楽しめますが、カラートップを替えていろんな色合いで空間の雰囲気を楽しむこともできます。

気持ちをゆったりとさせてくれるアイテムとして有効なものはたくさんあります

が、照明器具の果たす役割は、ひときわ大きいと実体験で思います。子どもが寝静まった夜に仕事をこなすことも多くなり、こうしたアイテムを使うことで自分の気持ちをリラックスさせることの重要性を知りました。リラックスの度合いと集中力は、比例しているように感じます。

ろうそくのようなやわらかい光のキャンデラ グロウ。

お香

現在愛用しているのは、マリアージュ・フレールのお香です。マリアージュ・フレールというと紅茶のイメージが強いのですが、お香のラインナップもおすすめです。よく焚《た》くのは、「テール・ドテ」と「フォーリン・ラブ」という香りです。マリアージュ・フレールの香りは、どれも際立ちすぎない、穏やかなものが多いように感じます。誰かへのプレゼントにも最適、というのも、私自身マリアージュ・フレールのお香を知ったきっかけが、知人に贈ってもらったことなのです。

気持ちを一新したいとき、空間を浄化したいとき、またはお客様を出迎える前などに、お香を焚きます。

58

言葉は自分に返ってくる

59

言葉はひとの心を温めてくれることもあるけれど、時として、鋭利なナイフのように誰かの心に鋭く刺さることもあります。その傷は時間が経てば経つほど傷口を大きく広げ、長いこと痛みを伴ったりする場合もあるのです。

言葉を発するときは、必ず自分に置き換えてみる、心を寄せて会話することが、とても大事なことだと感じます。親しければ親しいほど、馴れ合いでしゃべらないように気をつけること、大事に思うこと。こうしたことを胸に置くだけで、会話の内容もかなり変わってきます。自分で発した言葉は、巡り巡って自分に返ってくる、だからこそ、自分の発する言葉がどのくらい影響力があるのか、知っておかねばならないと感じます。

相手に対する優しさとは

60

誰かと話しているとき、優しさをもって「こうしたほうがよい」というアドバイスをもらうことがありますが、優しさの裏に、独占欲やエゴが見え隠れしているのを発見することがあります。そうしたときは、ありがたく話を聞くことにして、参考にはしないようにします。

ひとはどうして、相手も同じということに安心感を求め、自分と同一化させたがるのでしょうか。誰かの意見を尊重して聞きはするけれど、そのひとにはそのひとの価値観がある。相手の意見を尊重しつつ、自分の気持ちを押し付けない関係が、最もよい関係を長続きさせる。本当の意味での優しさにつながっていくのだということが、歳を重ねるごとに理解できるようになりました。相手に心から寄り添おうと思ったら、その人のすべてを受け入れる覚悟が必要です。

心に響く音色

61

常にそばにあって、なくてはならない大切な存在、それが音楽です。今いちばんよく聴いているのが、アコースティックギタリスト小川倫生《おがわみちお》さんのアルバムです。『Night Jasmine』に収録されている「Stargazer」を聴いていると、まるで星空が目前に広がるよう、『PROMINENCE』の「Jasmine Sweet」の音色は、心が静かに、激しく揺さぶられるようです。『スプリングサインズ』に収められている「Magnolia」も大好きな一曲です。

彼の生み出す音色には、彼だけが持っている世界を感じる。でもそれは、聴く人それぞれの心を優しく包み込み、ときに荒々しく掴むように、ダイレクトに心に鳴り響くのです。小川さんが奏でる音を聴きながら、「なぜ、こんなにも心が揺さぶられるのだろう」と何度も自問自答して気づきました。小川さんだけが感じ得る深い闇の部分、喜びや幸福感、そして触れると消えてしまいそうなほど繊細ではかない思い……すべてが音になって存在していると。だからこそ、聴く人の心に優しく寄り添って、奥底まで響くのだと。

音によって心を揺り動かされ、感化される。こうしたことを体験したのは、彼の音楽が初めてでした。音楽は言葉を超えて心に直接響くもの、語りかけるものなのだと、小川さんのギターの音色に教えてもらった気がします。

62 テレビを見ない暮らし

私は普段、テレビを見ていません。以前はニュース番組と大河ドラマ、ノンフィクションや歴史番組など限定して見ていたのですが、現在はテレビを2階にある子どもたち共有の部屋に置いていることもあり、ほとんど見ずに暮らしています。

朝は子どもたちのためにラジオを流し、学校へ送り出した後はラジオを切って、林や山から聞こえてくる鳥の声と、木々の揺れる音、そして自分が心地よいと感じる音楽だけに耳を傾けます。

テレビを見なくなってから、生活はだいぶ変わりました。音に敏感になり、自分と向き合う時間が以前よりもぐっと増えました。音楽に対しても、以前よりもっと深く、心に留めて聴けるようになりました。

「テレビがなくて、大丈夫ですか?」と聞かれることもありますが、ネットでも主要ニュースなどの情報は得られますし、困ることはありません。むしろテレビなしの生活をおすすめしたいです。

子どもと話すこと

夫が単身赴任で愛知に移ってから、4年目を迎えました。赴任が決まった当初は、病気を抱えている母と、まだ保育園児の次男、小学校4年生の長男を抱えて、「男手がない生活を、はたして自分が切り回していけるかどうか」と心配もありました。ですが、離れてみて（大変な部分はあれど）いい部分にも、たくさん気づくことができたような気がします。

まずは責任感がついたこと、人をあてにしないで自分で動くようになったことが大きく、夫に対しても優しく接することができるようになりました。距離ができて会えなくなったぶん、お互いに相手を尊重するゆとりが生まれたのだと思います。

子どもたちとの結束が目に見えて強くなったことも、この数年間における最大の喜びといえます。そんな日々の中、子どもたちに対して、「この先の人生を、いかにして進んでいったらいいのか」という、私なりの考えを話してきました。今までの人生でやってきた失敗の山から学んだこと、両親、そして仕事で出会った人や友

63

普段のおやつ。焼いたそばからパクリ。

人を見ていて学んだことを、私なりの解釈でとらえ、それを子どもたちにもわかるように咀嚼《そしゃく》して話します。

常にポジティブに物事をとらえ、そして考えて行動すること。そして、その中には、笑いのエッセンスが必要だということ。会話の中にちょっとでも楽しい、おもしろいと思うフレーズがあれば、言葉を受け取る側の気持ちもだいぶ違います。

相手に何かを強く提言したい場合は、このユーモアのセンスによって、漂う雰囲気もがらりと変わります。そうした人のまわりには、自然と同じような意識の人たちが集まり、笑顔の輪がつながっていきます。

スポンジのように吸収できる年齢の間に、言葉の意味や四字熟語、慣用句、ことわざなどをたくさん理解して覚えてほしい、加えて、たくさん本を読んでほしいと伝えました。これは、現在の私もできるだけ吸収できるようにと、地味にこつこつ学んでいることです。

そして、人生いいことばかりではありませんから、誰かに嫌なことを言われたり、我慢ならぬと思うような出来事、もしくは不安にさいなまれてどうしようもないときは、すべてを忘れる努力をするということ。心の中の負の部分を、レーザー光線で跡形もなく消し去るように、または、アンパンマンが頭の一部を取ってしまうように、嫌な部分をどこかへ「ボーン！」と吹っ飛ばしてしまうと楽なんだよ、と子どもたちに話しました。

忘れるということは、心をプラスの方向に誘《いざな》ってくれることも多いのです。意識をチェンジできるように普段からこつこつ努力をすれば、自分自身の性格を変えることも十分にできると私は思っています。

そして、最も大切なのは、自分自身を尊重すること。自分を大切にできなければ、誰かを大切になど、できようもないからです。

自分ひとりで行動し、時間を楽しめるようなゆとりを持つことも大事です。自分自身がしっかりしていれば、他人と自分を比較することも無意味だとわかるようになりますし、どんな場面でも、客観的に物事をとらえ考えられるようになり、自分の立ち位置を確認できるようになります。心の中にあっても、「あえて言わない」ことが、相手に対する思いやりになることもある、踏み込んでいいラインと、踏み込んではいけないラインがあることも、知らねばなりません。

自分が発した言葉や行動は、後から形を変えて必ず返ってくるんだよ、子どもたちには折に触れ、私なりの考えを話して聞かせます。

64

ほんの少しのチョコレート

毎日欠かさず、ほんの少しのチョコレートを食べています。ボディも気になるので大量に食べるわけではありません。あくまでほんの少し、が基本です。コーヒーとともに、ちょこっとつまむあの幸福感。それが楽しみで、家事、仕事に勤《いそ》しんでいるようなものです。

毎日つまんでいるのは、コンビニで購入できるような一般的なチョコレートだったり、スーパーで買う外国のチョコレートだったり、自分へのごほうびに買うチョコレートだったりいろいろです。一般的なものでは、キットカットが昔も今も変わらず好きなので、ぽりぽりとかじったり、時間に余裕があるときはミニパフェにキットカットをくだいたものを入れて食べたりします。

大好きなチョコレートは、地元栃木県の鹿沼市にある「アカリチョコレート」(http://www.acariechocolat.com/)の手作りチョコレート。ご主人の上原晋さんが、ひとつひとつ丁寧にチョコレートを作られています。中でもおすすめなのが、大谷

「大谷の石畳」と、ドライいちごをホワイトチョコで包んだ「白いトチオトメ」（手前）。

石をモチーフとした「大谷の石畳」です。小さなクリスピーチョコがお行儀よく小さな箱に入っていて、私は抹茶とストロベリーが好き。ひとりでシャンパンを飲みながら夜に食べることもあります。「白いトチオトメ」は、真っ白いホワイトチョコレートに浮かぶドライいちごの赤い色、見ているだけでも心が癒されます。いっぱい食べたいじゃなくて、ゆったりと味わいたいチョコレートです。

ひとりで飲む

65

たくさんは飲めないけれど、お酒を飲むのが好きです。子どもたちが小さいころは難しかったのですが、上の子が中学1年生、下の子が小学2年生になり、ようやく、ひとりでまったり、ゆるゆるゆるりとお酒を楽しめるようになりました。夫が単身赴任中のため、必然的にひとりで飲むスタイルになったのですが、それが「ひとりの時間を有意義に過ごす」大きなきっかけになりました。

お酒を楽しめるようになると、料理の幅も広がります。簡単でおいしい料理ができるように努力するようになりましたし、部屋のインテリアも、照明器具に調光キーをつけて、照明をほの暗く、ムーディーに演出するようになりました。

そして、重要なのが、空間に漂う音楽です。そのときの気分でCDをチョイスしますが、これがまた楽しい。

先日は、たまの贅沢ということで、シャンパンにお菓子用にストックしてあった冷凍のラズベリーを浮かべ、ちびちびっと飲みながら、大好きな海老とアボカドのサラダ、トマトとモッツァレラ&バジルのフレッシュサラダを作り、いい気分になってきたところで、冷凍庫にストックしてあったなす入りのラグーソースを使ってペンネとあえました。熱々を器によそってパルメザンチーズとパセリをたっぷりふり、最後にラー油をたら〜り。

ほろ酔いで、ゆらゆらり。おいしい料理、お酒と音楽は、ベストマリアージュです。

あとがき

家の中で家族や友人たちと過ごすひとときは、私にとって幸せな時間であるとともに、自分を癒す時間とイコールになっている気がします。人を招く機会が多いので、今までたくさん失敗もしてきましたし、新たな発見もありました。何事も経験することが大切なのだなと振り返って思います。その中で、地味な日々のあれこれを、どうやったら楽しくこなしていけるのか、または楽しんでもらえるかということにも、思いをめぐらしてきました。

家事雑事は地味な作業の連続です。地味な作業だからこそ、楽しいと感じるエッセンスがないと続きません。いかに楽しめるか、楽になるか、そして喜んでもらえるか、こうしたことを、いつも考えて暮らしています。

先日、親しい友人と家でまったりお酒を楽しみました。当日の料理は家にある材料でささっと作ったものばかり、肩肘張らない気楽な集まりです。照明を落として、キャンドルをそこかしこに置き、音楽を流し、ソファに座って延々とおしゃべり。合間においしいものを食べて、ワインを飲んで、心から満ち足りた気分です。誰にも話せないような深い話、自分だけの世界、仕事のことや家族のこと、さまざまなことを、ほの暗い空間に横たわりながら、朝方まで語り合う。こうした時間は、何よりも気持ちのリフレッシュにつながっています。

素敵なものに囲まれて暮らすことが、幸せの近道とは限りません。愛する人たちと、どれだけ満たされた時間を共有できるかが大切に思います。自分で家に手を入れることも、空間をより居心地よくする努力も、先をたどっていくとリンクしてつながります。私らしい暮らしを追い求めていく作業は、この先もずっと続いていくだろうな、終わりはないだろうなと感じます。

この本を企画・編集、導いてくださった、ソフトバンク クリエイティブの八木麻里さんに、心から感謝いたします。仕事を理解し、受け入れて協力してくれる子どもたち、いつも寄り添って励ましてくれる親友たちにも、心からありがとう。そして、この本を読んでくださった方にも、心から感謝いたします。

私の日常を集めたこの一冊が、読んでくださる方の暮らしのエッセンスになってくれますように。

伊能勢敦子　いのせあつこ
1971年生まれ。栃木県在住。料理家として書籍や雑誌を中心に活動、企業のレシピ開発なども手がける。料理の製作、スタイリング、撮影も行うほか、執筆活動にも力を注いでいる。著書に『アコさんの今日もごちそう日和』（産業編集センター）、『「Mary Rose」アコさんの乙女なお菓子とおふくろごはん』（主婦と生活社）、『絵本からうまれたおいしいレシピ』シリーズ（宝島社）がある。

「INOSE ATSUKO」
http://www5e.biglobe.ne.jp/~richeux/

家《いえ》じかんを楽《たの》しむ65のヒント

2009年9月11日　初版第1刷発行

著者　伊能勢敦子《いのせあつこ》
発行者　新田光敏
発行所　ソフトバンク クリエイティブ株式会社
〒107-0052 東京都港区赤坂4-13-13
電話 03-5549-1201（営業部）

撮　影　伊能勢敦子
ブックデザイン　森デザイン室
協力　株式会社クオカプランニング
雪印乳業株式会社
日本ミルクコミュニティ株式会社（MEGMILK）
印刷・製本　中央精版印刷株式会社

落丁本、乱丁本は小社営業部にてお取り替えいたします。定価はカバーに記載されております。
本書の内容に関するご質問等は、小社学芸書籍編集部まで書面にてお願いいたします。

ISBN978-4-7973-5198-9